中小企业财务管理研究

李　瑞◎著

北京工业大学出版社

图书在版编目（CIP）数据

中小企业财务管理研究 / 李瑞著．— 北京 ：北京工业大学出版社，2018.12（2021.5 重印）
ISBN 978-7-5639-6489-5

Ⅰ．①中… Ⅱ．①李… Ⅲ．①中小企业－企业管理－财务管理－研究 Ⅳ．①F276.3

中国版本图书馆 CIP 数据核字（2019）第 019173 号

中小企业财务管理研究

著　　者：李　瑞
责任编辑：刘子阳
封面设计：点墨轩阁
出版发行：北京工业大学出版社
（北京市朝阳区平乐园 100 号　邮编：100124）
010-67391722（传真）　bgdcbs@sina.com
经销单位：全国各地新华书店
承印单位：三河市明华印务有限公司
开　　本：787 毫米 ×1092 毫米　1/16
印　　张：14.5
字　　数：290 千字
版　　次：2018 年 12 月第 1 版
印　　次：2021 年 5 月第 2 次印刷
标准书号：ISBN 978-7-5639-6489-5
定　　价：68.00 元

内容简介

《中小企业财务管理研究》是一本深入分析中小企业财务管理相关问题的专著。该书介绍了中小企业的界定方法、主要特征以及中小企业财务管理的理论基础，并在此基础上具体分析了我国中小企业财务管理的现状、问题及其原因。针对存在的问题，对我国中小企业的财务管理提出合理的改进建议，同时对中小企业的发展进行了展望，旨在为我国中小企业健康、可持续发展提供理论上的指导。

前　言

财务是企业价值运动的中枢，管理是企业机体运动的润滑剂，所以财务管理成为企业管理的关键所在。另外，财务管理也是任何一个企事业单位内部经营管理的重要组成部分，企业整个机体运行的任何细微之处都能从企业财务活动中显露出来。

了解财务管理，可以为企业设计合理的资本结构，选择合理的筹资方式和筹资策略，选择正确的投资方向和项目；还可以更好地控制企业的营运资金，提高资金利用率；同时还可以帮助企业进行税务筹划。

目前，关于中小企业财务管理的书籍非常多，但是适合中小企业管理人员学习使用的书籍却很少。许多中小企业的管理人员没有系统地学习过财务管理方面的知识，对许多关于财务、会计的理论性和概念性的知识不太了解，因此在理解财务管理的知识点上比较困难。本书正是笔者针对中小企业管理人员这一“苦衷”来撰写的。本书集会计与财务管理的基本理论性知识和实用性知识为一体，力求为中小企业管理人员带来财务管理方面的突破，帮助其快速掌握中小企业财务管理要诀。

笔者在写作本书过程中参考了大量专著和文献，在此，向这些作者、编者以及为这本书提出宝贵意见的领导、专家和朋友致以衷心的感谢！

由于笔者水平有限，加之成书仓促，书中难免有不足和疏漏之处，敬请广大读者批评指正。

目 录

第一章　财务管理概论

第一节　财务管理概述

在市场经济条件下，企业的根本任务是尽可能利用现有的人力、物力和财力，通过生产经营活动，取得尽可能多的财富。

企业的资金运动，构成了企业经济活动的一个独立方面，也就是企业的财务活动。由于资金和资金运动产生了财务活动和财务关系，两者构成了企业财务和财务管理的内涵。企业财务是指企业在生产经营过程中客观存在的资金运动及其所体现的经济利益关系。财务管理是指企业组织财务活动和处理企业与各方面的财务关系的一项经济管理工作，是企业管理的重要组成部分。从表面上看，企业的资金运动是钱和物的增减变动，这些变动离不开人与人之间的经济利益关系。

一、企业财务活动

企业财务活动主要包括筹资活动、投资活动、资金营运活动和分配活动四个方面。

（一）筹资活动

企业的建立和经营活动的开展都必须拥有一定数量的资金。企业可以在法律、法规允许的条件下，采用各种方式筹措资金。所谓筹资，是指企业为了满足投资和用资的需要，筹措和集中所需资金的过程。

企业的资金可以由国家、法人、个人等直接投入，或通过发行股票、内部留存收益等方式取得，形成企业的自有资金；也可以通过从银行借款、发行债券、利用商业信用等方式取得，形成企业的负债资金。资金筹措是资金运动的起点。通过筹措取得的资金，主要表现为货币资金，也可以表现为实物形态资产和无形资产。企业筹措资金表现为资金的流入。企业偿还借款和支付利息、股利、各种筹资费用等，表现为资金的流出。这种由于资金筹集而产生的资金收支，便是企业筹资引起的财务活动。

（二）投资活动

企业的投资，有狭义和广义之分。狭义的投资，是指企业以现金、实物形态资产或无形资产，采用一定的方式进行对外投资，如购买其他企业的股票、债券或与其他企业联营等；广义的投资，除了对外投资，还包括企业内部投资，即企业将筹措到的资金投放到生产经营活动中去，如购置流动资产、固定资产、无形资产等。企业在投资活动中需要支付资金。当企业收回对外投资或变卖对内投资形成的各种资产时，就会产生资金的流入。这种由于企业投资而产生的资金收支，便是企业投资引起的财务活动。

（三）资金营运活动

企业在日常生产经营活动中，需要采购材料或商品，形成储备，以便从事生产和销售活动，同时还要支付职工工资和各种营业费用，这些都需要企业支付资金。而当企业将生产出来的产品或购入的商品进行出售时，便可收回资金。这便是企业经营引起的财务活动，也称为资金营运活动。

（四）分配活动

企业通过销售取得的收入，在弥补了各种成本和费用之后，形成利润和亏损。企业对外投资，也可能形成利润和亏损。企业必须依据法规及公司章程对利润进行分配。在依法缴纳了所得税后，还必须按规定提取公积金和公益金，分别用于扩大积累、弥补亏损和改善职工集体福利设施，剩余部分利润根据投资者的意愿和企业生产经营的需要可作为投资收益分配给投资者，或暂时留存企业形成未分配利润，或作为投资者的追加投资。

财务活动的四个方面相互联系、相互依存，它们构成一个完整的财务活动过程。伴随着企业生产的不断进行，财务活动也循环往复，不断进行。这个财务活动过程就是企业财务管理的基本内容。

二、企业财务关系

企业财务关系，是指企业在组织财务活动过程中，与有关各方所发生的经济利益关系。企业在资金的筹集、投放、耗费、收回和分配过程中，与各方面有着广泛的联系，因此必然会发生企业与其相关利益者之间的关系。企业的财务关系主要有以下几个方面。

（一）企业与政府的财务关系

企业与政府的财务关系，主要是指政府凭借社会管理者的身份，利用政治权力，强制、无偿地参与企业收入和利润的分配所形成的一种分配关系。企业必须按照规定向中央和地方政府缴纳各种税款，包括所得税、流转税、财产税和行为税等。这也是任何企业都应该尽的义务。这种关系，体现的是一种强制和无偿的分配关系。

（二）企业与投资者（所得者）之间的关系

企业与投资者（所得者）之间的关系，是指企业的投资者向企业投入资金，企业向投资者支付投资报酬所形成的经济关系。企业通过吸收直接投资、发行股票、联营并购等方式接受国家、法人和个人等投资者投入的资金。企业利用投资者的资金进行经营，实现利润后，按照投资和出资比例或合同、章程的规定，向投资者支付投资报酬。企业的投资者按照规定履行了出资义务后，依法对企业净资产拥有所有权，并享有企业经营所产生的净利润或承担净亏损。企业拥有投资者投资所产生的法人财产权，企业以其全部法人财产依法自主经营，对投资者承担资产保值和增值的责任。企业与投资者之间的财务关系，体现的是一种所有权性质的受资与投资的关系。

（三）企业与债权人之间的关系

企业与债权人之间的关系，主要是指企业向债权人借入资金，并按合同规定，按时支付利息和归还本金所形成的经济关系。企业除了利用自有资金进行经营活动外，还要借入一定数量的资金，以便降低企业的资金成本，扩大企业经营规模。企业的债权人主要有本企业发行的公司债券的持有人、贷款机构、商业信用提供者、其他出借资金给企业的单位和个人。债权人要关注企业的偿还能力和支付利息的能力，并做出相应的决策。企业与债权人之间的关系，体现的是一种债务与债权的关系。

（四）企业与被投资者之间的关系

企业与被投资者之间的关系，主要是指企业以购买股票、联营投资、并购投资等方式向外投出资金所形成的经济关系。随着市场经济的不断深化和发展，企业经营规模和范围不断扩大，这种关系越来越广泛。企业应按约定履行出资义务，并依据其出资份额参与受资企业的经营管理和利润分配。企业与被投资者之间的财务关系，体现的是一种所有权性质的投资与受资的关系。

（五）企业与债务人之间的关系

企业与债务人之间的关系，主要是指企业将其资金以购买债券、提供借款或商业信用等形式出借给其他单位所形成的经济关系。企业将资金出借后，有权要求其债务人按合同、协议等约定的条件支付利息和归还本金。企业与债务人之间的财务关系，体现的是一种债权与债务的关系。

（六）企业内部各部门之间的财务关系

企业内部各部门之间的财务关系，主要是指企业内部各部门之间在生产经营各环节中相互提供产品或劳务所形成的经济关系。具有一定规模的企业，为了提高管理效率，通常按照责、权、利的关系，在企业内部实现分工与协作，形成利益相对独立的内部责任单位。为了明确各责任单位的责任与利益，责任单位之间相互提供产品或劳务，也需要进行计价结算。这种财务关系，体现的是企业内部各部门之间的利益关系。

（七）企业与职工之间的财务关系

企业与职工之间的财务关系，主要是指企业向职工支付劳动报酬过程中所形成的经济利益关系。职工是企业的劳动者，也是企业价值的创造者。企业应根据按劳分配原则，以职工所提供的劳动数量和质量为依据，从职工所创造的价值中，用劳动报酬（包括工资、津贴、奖金等）的形式进行分配，并按规定提取公益金。企业与职工之间的财务关系，体现的是一种企业与职工在劳动成果上的分配关系。

上述财务关系广泛存在于企业财务活动中，企业应正确处理和协调与各方面的财务关系，努力实现与其他财务活动当事人之间的经济利益的均衡。

三、财务管理决策

财务管理决策是财务管理的核心，一般包括以下内容。

（1）筹资决策

筹资决策主要考虑筹资成本、筹资规模与资本结构。

（2）投资决策

投资决策是指企业将筹集的资金投入使用的决策，包括对内投资决策和对外投资决策。

（3）资金营运决策

该决策包括采购材料、购买商品、提供信用、收回资金及通过短期借款筹集满足经营所需的资金等的决策。

（4）分配决策

分配决策是企业对各种收入进行分割和分配的活动，主要指对净利润的分配决策。

四、财务管理的环节

财务管理环节是指为了达到既定的理财目标而进行财务管理工作的一整套程序和相应的方法。财务管理的基本环节包括财务预测、财务决策、财务预算、财

务控制及财务分析。这些环节相互联系，密切配合，构成财务管理工作的一个完整循环。

（一）财务预测

财务预测，是指根据企业财务活动的历史资料信息，考虑现实的要求和条件，运用科学的方法，对企业未来的财务状况、发展趋势及其结果进行科学的预测。

财务预测的任务是为财务决策提供依据，同时为编制财务预算做好准备。因此，进行财务预测对于提高财务管理的效率和质量具有十分重要的意义。

进行财务预测的一般程序是：①明确预测对象和目的；②搜集和整理相关材料；③确定预测方法，一般用定性和定量两种分析方法；④利用预测模型进行测算；⑤提出多种设想和方案，供财务决策时选择。

（二）财务决策

财务决策，是指财务人员在理财目标的总体要求下，根据财务预测所提出的多种设想和方案，进行对比分析，从中选出最佳方案的过程。在市场经济条件下，财务管理的核心是财务决策，其他管理环节的工作都是围绕着这个核心展开的。因此，财务决策的合理与否将决定财务管理工作的成败。

财务决策过程一般需要经过四个步骤：①提出问题，确定决策目标；②搜集资料，拟订方案；③分析、评价备选方案；④选出最佳方案。

（三）财务预算

财务预算，是指运用科学的技术手段和数量方法，对未来财务活动的内容及指标进行具体规划。财务预算是财务预测、财务决策的进一步深化，它以财务决策确立的方案和财务预测提供的信息为基础，并加以具体化，也是控制财务活动的依据。

财务预算的编制一般包括三个步骤：①分析财务环境，确定预算指标；②协调人力、物力、财力，组织综合平衡；③选择预算方法，编制财务预算。

（四）财务控制

财务控制，是指在财务管理过程中，以财务预算为依据，对财务活动如资金的收入、支出、占用、耗费等进行日常的指导、协调、监督和限制，以实现财务预算所规定的财务目标。

财务控制的方法很多，常用的方法是进行防护性控制（又称排除干扰控制）和反馈控制（又称平衡偏差控制）。一般的操作程序是，制定标准→执行标准→确定差异→消除差异→考核奖惩。

（五）财务分析

财务分析，是以会计核算资料和其他方面提供的资料为主要依据，运用专门的方法，对企业财务活动的过程和结果进行分析和评价的一项工作。通过财务分析，可以肯定过去财务工作的成绩，并揭露问题、总结经验、查找原因，以指导未来的财务管理活动，促使企业改善经营管理，提高经济效益。财务分析常用的方法有对比分析法、比率分析法、因素分析法等。

第二节　企业财务管理目标

一、对财务管理目标存在的争议

财务管理目标，又称理财目标，是指企业组织财务活动、处理财务关系所要达到的目标。财务管理目标具有可变性、层次性和多元性的特点。

从根本上说，财务管理目标取决于企业的目标。在不同时期，尤其是在不同的经济体制下，企业的目标是不同的。我国在计划经济时代，财务管理的目标是产量或产量的最大化，这总体上是与当时的经济体制相适应的。但在市场经济条件下，这一目标显然已不能适应市场环境，因为它至少存在以下缺点：企业效益可能低下，产品质量难以保证，产品销售渠道可能不畅，内部潜力可能挖掘不够。目前在市场经济条件下，大家对企业财务管理目标还存在一定的争议，其中最具代表性的有以下两种观点。

（一）利润最大化

企业的一切财务活动，诸如资金的筹集、投资项目的选择、资本预算、资本结构的优化、股利政策的制定等，其成果在一定程度上最终都归结到利润水平上。在社会主义市场经济条件下，企业作为自主经营的主体，利润是企业在一定时期的全部收入和全部费用的差额。

利润最大化目标的主要优点是，利润可以直接反映企业创造的价值，可以在一定程度上反映企业经济效益的高低和对社会贡献的大小，利润是企业补充资本、扩大经营规模的主要源泉之一。因此，企业追求利润最大化是合理的。

利润最大化目标的缺点，主要表现在以下几个方面。

①没有考虑获得利润所需的时间，即没有考虑资金的时间价值。例如，A、B 两个企业在相同的起步资金 100 万元的条件下，都获得了 50 万元的利润，但其中 A 企业只用了 1 年的时间，而 B 企业则花费了 5 年时间。若不考虑资金的时间价值，就难以做出正确的判断。

②没有反映所创造的利润与投入资金之间的对比关系，因而不利于不同资本规模的企业或同一企业的不同时期之间的比较。例如，甲、乙两个企业在相同的 1 年时间里，都获得了 100 万元利润，但其中甲企业是在 500 万元的起步资金的条件下获得的，而乙企业是在 1 000 万元的起步资金的条件下获得的。若不考虑投资额，同样难以做出正确的判断。

③没有考虑风险因素，一般地说，报酬越高，所要承担的风险就越大。追求利润最大化，可能会使企业承担过大的风险。例如，企业进入股票与期货市场，或进入高科技行业，虽然可能获得高利润，但风险也很大。

④没有考虑对企业进一步发展及对企业可持续发展的影响。片面追求利润，可能导致企业短期行为，如忽视产品开发、人才开发、安全开发、履行社会职责等。

（二）股东财富最大化

股东财富最大化，又称企业价值最大化。因为股东创办企业的目的是扩大财富，他们是企业的所有者，企业价值最大化就是股东财富最大化。有观点认为，股东财富最大化是股东所持有股票的市值最大化。这种观点是以在比较完善的资本市场中股票可以被自由买卖为前提的。企业的价值，不是指企业账面资产总价值，而是指全部财产的市场价值，它反映了企业潜在或预期的获利能力。因为企业的价值如同商品的价值一样，只有投入市场，才能通过价格表现出来。股价的高低，在一定程度上反映了广大投资者对企业价值的评价，并受今后每年的净利润及其增长趋势与风险的影响。

股东财富最大化目标的优点：①考虑了资金的时间价值和投资的风险问题；②有利于克服企业的短期行为，引导企业讲究信誉，注重企业形象；③有利于社会资源的合理配置。

股东财富最大化目标的缺点：①对于非上市公司，企业价值不易衡量；②对企业其他有关人员（企业的债权人、职工及政府）的利益重视不够；③安定性股东对股价的短期变动不感兴趣；④股票价格受很多因素影响，股票市场效率越低（如我国股票市场的效率较低），股票价格越是不完全由公司管理决定；⑤我国的上市公司持有的股票有三分之二不能在股票市场流通，持有这些股票的股东并不十分在乎股价的高低，而他们恰恰是公司的领导者与管理者；⑥没有考虑社会效益的正负与大小。

二、影响财务管理目标实现的因素

财务管理目标实现的程度，受外部环境与公司管理决策两方面影响。其中外部环境对公司来说是不可控的因素，这将在第三节中讨论。而公司管理决策相对而言是可控的因素。企业通过正确的投资决策、筹资决策、经营决策和分配决策，可以促进财务管理目标的实现。就公司管理决策而言，影响财务管理目标实现的主要因素包括内部收益率、风险、投资项目、资本结构和分配政策等。

（一）内部收益率

内部收益率是指单位资金每年的利润。内部收益率越高，企业的价值越大，投资者（股东）可以得到的回报越多。内部收益率既考虑了投入净资产的大小，又考虑了时间的长短。

（二）风险

企业在做出决策时，必须在可以承受风险的条件下，争取尽可能大的期望收益率。

（三）投资项目

选择投资项目时，首先应明确企业是可以承受风险的；其次在这些可承受的风险投资项目中，选择那些期望内部收益率尽可能大的进行投资。

（四）资本结构

资本结构是指债务资本与投资者的权益资本之间的比例关系。一般情况下，当投资的预期报酬率高于债务资本的利息率时，企业举债可以提高未来的内部收益率，同时也扩大了企业未来的风险。一旦项目的预期报酬率低于债务资本的利息率，债务资本不但不会提高内部收益率，反而会促使内部收益率下降，甚至可能因无法按期支付债务本息而促使企业破产。资本结构不当，往往是企业破产的重要原因之一。

（五）分配政策

对投资者（股东）来说，分配政策的确定实际是处理当前利益与长远利益的关系。企业当期盈余的比例多少分配给股东，多少继续留在企业进行再投资，这是企业进行收益分配时必须做出的决策。显然，再投资的风险要大于当即分红，但再投资可能加大未来的收益。因此，企业收益分配政策会影响企业未来的收益和风险。

三、财务管理目标在所有者（股东）、经营者等之间的冲突与协调

财务管理目标在股东、经营者、债权人、政府（社会）及职工之间往往会发生一定的冲突。同时，这也构成了企业财务管理最重要的财务关系，必须正确处理。

股东与债权人都为企业提供了资金，但是，他们都不直接参与企业的管理，

只有经营者在企业中直接从事财务管理工作。

（一）所有者（股东）与经营者之间的冲突与协调

企业是所有者（股东）的企业，财务管理的目标应该是股东的目标。股东委托经营者代表他们管理企业。因此，所有者（股东）与经营者之间的财务关系，是企业中最重要的财务关系。这实际上是一种"委托—代理"关系。但股东与经营者分离以后，经营者的具体行为目标与股东的目标往往不一致，甚至存在很大的差异。

1. 经营者的目标

增加报酬，包括物质与非物质的报酬，如增加工资、奖金，提高荣誉，提供足够的保障与社会地位等。工作尽量轻松，增加休息时间，包括减少名义工作时间与有效工作时间、降低工作强度等。避免风险。经营者努力工作可能得不到应有的报酬，当他们的行为和结果存在不确定时，经营者总是力图避免风险，希望得到一份有足够保障的报酬。

2. 经营者对所有者（股东）利益的背离

由于经营者的目标与所有者（股东）的目标不完全一致，经营者有可能为了自身的目标而背离所有者（股东）的利益，主要表现如下。①工作不努力，存在道德风险。经营者为了自身的利益，可能不努力去实现企业的目标。一般来说，他们没有必要冒险工作，因为冒险成功，好处是股东的，而一旦失败，经营者的名誉将受损，他们的"身价"将大打折扣。因此，他们不做什么错事，也不十分卖力。这样做并不构成法律与行政责任问题，只是道德问题，股东很难予以追究。②逆向选择，贪图享受。例如，经营者可能借工作需要之名，装修豪华办公室、买高档汽车等。同时，经营者可能损公肥私，设法将企业的资产与利益占为己有，将劣质产品高价卖给企业，或将企业的优质产品低价卖给自己的企业等。

3. 防止经营者背离所有者（股东）利益的方法

为了防止经营者背离股东利益，一般有以下三种方法。①制定财务规章制度。让经营者在制定的范围内行使职权，尤其是涉及经营者利益方面的活动。例如，

招待费实行总额控制，经营者应享受的待遇尽量做到制度化，仅在一定限度内让经营者行使特权。②建立监督机制。股东最好设法获取更多的有关信息，对经营者进行监督，并且当经营者背离股东利益时，减少经营者各种形式的报酬，甚至解雇他们。当然，监督机制只能起一定作用，因为股东远离经营者，经营者“上有政策，下有对策”，况且，监督的成本比较高，不可能实施全面监督。因此，监督可以减少经营者违背股东意愿的行为，但不能解决全部问题。③采取激励措施。为防止经营者背离股东利益，还可以采用激励机制，让经营者分享由于经营者努力而使企业增加的利润，如可以给经营者以现金或股票的奖励。当然，激励措施也不能解决全部问题。因为激励过低，不能有效地调动经营者的积极性；相反，激励过高，股东付出的成本过高，也不能实现自己利益的最大化。

（二）所有者与债权人之间的冲突与协调

在市场经济条件下，所有者与债权人之间形成的债务债权关系，是企业财务关系的重要组成部分。企业借款的目的是解决经营中资金不足的问题，或是扩大经营规模，或是因各种原因资金周转困难。而债权人的目的是利用闲置资金获取利息收入，到期收回本息。债权人把资金借给企业时，考虑了该企业应有的风险与报酬的关系。但一旦形成债权债务关系，债权人就失去了对企业的控制。所有者（股东）为了自身的利益，可以通过经营者而损害债权人的利益。

所有者通过经营者损害债权人利益的主要方式。①所有者改变原定资金的用途，将资金用于风险更高的项目。如果高风险的项目取得成功，则超额的利润将完全归股东所有；如果高风险项目失败，则企业无力偿债，债权人将与股东共同承担损失，到期无法收回本息。②所有者在未征得债权人同意的情况下，发行新债券或举借新债。这样，使得企业的负债比率增大，并增加企业破产的可能性，降低旧债的偿还保障程度。企业破产，新债权人将会与旧债权人一起分配企业破产后的财产。因此，这将降低旧债的相对价值。

债权人可以采取以下措施防止其利益受到侵害。①寻求立法保护。例如，企业破产时优先接管企业、优先分配剩余资产等。②在借款合同中加入限制性条款。例如，规定资金的用途，规定在还本付息之前，不得发行新债券与举借新债，或限制发行新债的数额等。③当发现所有者有侵害债权人的利益的行为时，拒绝进一步合作，包括不再提供新的借款，直至收回已借的款项。

（三）所有者与政府（社会）之间的冲突与协调

所有者与政府（社会）之间的关系，主要体现在企业对政府（社会）承担的责任。一般情况下，企业财务目标与社会目标基本上是一致的。但有时候，企业为了自身的利益会做出忽视甚至背离政府（社会）利益的行为。

1. 企业财务目标与社会目标相一致

这主要表现在：①企业可以解决一部分人的就业问题，对员工进行必要的就业培训，促进员工素质的进一步提高；②企业的产品大多受社会的欢迎，能实现企业产品的经济价值和社会价值；③企业的利税是对社会的贡献；④企业支持社会公益事业的发展。

2. 企业可能为了自身的利益而背离社会的利益

这主要表现在：①生产伪劣产品；②不顾职工的健康与利益；③污染环境；④损害他人的利益。

3. 政府（社会）对企业进行约束

这主要表现在：①政府通过立法和制定规章制度，强制企业承担应有的社会责任；②建立行业自律准则，使企业受到商业道德约束；③要求企业随时接受舆论媒体、群众及政府有关部门的监督。

第三节　企业财务管理环境

企业财务管理环境又称理财环境，一般是指对企业财务活动和财务管理产生影响的外部条件。它涉及的范围很广，主要包括宏观经济环境、金融环境和法律环境。

一、宏观经济环境

宏观经济环境一般包括国民经济发展状况、通货膨胀与通货紧缩、就业状况、国际收支状况、市场竞争及政府的经济政策等。

（一）国民经济发展状况

国民经济发展状况，主要是指工农业产值、国民生产总值、国内生产总值、经济周期等的现状与今后的发展趋势。工农业产值、国民生产总值与国内生产总值相对增长率的增加或减小，分别意味着投资机会的增多或减少。经济周期是指经济发展的相对循环状态，一般经过萧条、复苏、上升、高涨和回落等几个反复性阶段。在经济发展的萧条阶段，由于收入的减少，企业可能出现资金周转困难的局面；由于投资机会的减少，企业可能出现资金闲置的现象。在经济发展的高涨阶段,由于投资机会迅速增加,要求企业财务人员积极筹措资金,保证资金供应。

（二）通货膨胀与通货紧缩

通货膨胀，是指物价水平普遍持续上涨。通货膨胀产生的原因主要有：通货的需求大于供给、政府支出的增加及货币供应量增长引起的货币贬值。通货膨胀会直接影响资金占用、筹资成本与投资收益率，从而影响财务管理的决策。与此相反，通货紧缩表现为：经济增长逐渐下降，甚至出现负增长，物价持续下跌，失业率不断增加。在通货紧缩时期，企业融资成本不断增加，产品库存也不断增加。从经济周期角度分析，经济处于回落或萧条时期。

（三）就业状况

就业状况一般与经济发展密切相关。在经济繁荣时期，就业率较高；在经济萧条时期，就业率较低。对企业来说，就业率高或低都不利于企业正常用工。因为在就业率较高时期，往往经济发展处于上升阶段，企业为了与国民经济同步发展，增加用工，往往找不到合适的就业者，同时企业往往需要增加奖金或薪水留住现有高水平就业者；相反，在就业率较低时，国民经济往往处于低谷状态，但企业为了今后的发展，不可能裁员过多，尤其是对有技术的熟练工人，而这些对企业财务管理来说，都是很不利的。

（四）国际收支状况

国际收支状况，主要是指国家在某时期内有关收入（商品与劳务出口的收入、来自国外的利息收入、接受国外的捐赠等）与有关支出（商品与劳务进口的支出、向国外的利息支出、向国外的捐赠等）之差。国际收支出现顺差，即收入大于支出时，说明国内生产形势好，投资机会较多；国际收支出现逆差，即收入小于支出时，说明国内生产形势较差，投资机会较少。

（五）市场竞争

在市场经济条件下，任何企业都不可能回避竞争。企业之间、各商品之间（包括现有商品与新商品之间）的竞争，涉及企业设备、人才、推销、管理等方面。竞争能促使企业用更好的设备和方法，生产出更好的产品，对经济发展起推动作用。但对企业管理而言，竞争既是机会，也是挑战。企业往往需要扩大投资，引进人才，进行管理创新。成功之后，企业赢利增加，竞争力提高。但如果扩大投资失利，则竞争形势更加严峻。

（六）政府的经济政策

政府的经济政策，主要是指财政政策与货币政策。积极、扩张的财政政策与积极、扩张的货币政策，将会使投资机会增加。紧缩的财政政策与紧缩的货币政策，将会使投资机会减少。政府增加开支时，投资机会将增多；政府压缩开支时，投资机会将减少。

这里应该注意，财政政策与货币政策关键在于配合使用，才能形成相关的宏观经济控制目标。例如，政府增加开支，有可能是由于国内民间投资不足，增长乏力，政府不得不采用扩张的财政政策，以便刺激内需，使投资机会增加。但也有可能是政府与民间争夺投资机会，导致某些民间投资机会的丧失。同样，政府压缩开支，其出发点也可能有正反两方面。

此外，税率的高低将会直接影响企业税后利润的高低，从而影响每股收益的高低。税率的高低也将会直接影响企业筹资成本的高低。

二、金融环境

影响企业财务管理的金融环境因素主要有金融市场、金融机构和利息率。

（一）金融市场

1. 金融市场的含义和金融资产的属性

金融市场就是货币借贷、资金融通和有价证券买卖的场所的总和。它有广义和狭义之分。广义的金融市场包括货币市场、资本市场、外汇市场和黄金市场，即社会上的一切金融业务都列入金融市场的范围内；狭义的金融市场则是指以同业拆借、商业票据承兑贴现为主的短期资金市场（货币市场）和以债券、股票为主的长期资金市场（资本市场）。通常，将狭义的金融市场看作典型的金融市场。

金融资产，是指以价值形态存在的资产，是可以进入金融市场交易的资产，包括中国人民银行发行的钞票、银行存款凭证、股票、基金、债券、保险凭证、期货及期权等。金融资产是与实物形态存在的资产相对而言的。

金融资产有三个属性：①流动性，即容易兑现，且在短期内市场价格波动较小，因而损失较小；②收益性，即持有诸如股票、基金、债券、存款凭证、期货、期权等金融资产，常常会有一定收益；③风险性，即持有金融资产，存在一定风险，包括违约风险与市场风险等。

2. 金融市场的要素与构成

金融市场由主体（参与者）、客体（金融工具）、参加人以及金融市场的组织形式和交易方式等要素组成。金融市场的主体是货币资金盈余或短缺的企业、个人以及金融中介机构。客体指金融市场上的买卖对象，如股票、基金与债券等。参加人指客体的供给者与需求者。金融市场的组织形式一般指交易所市场和店头市场两种组织形式。交易方式一般指现货交易和期货交易两种方式。

根据金融市场交易工具与投融资期限，可以将金融市场分为货币市场（短期资金市场）与资本市场（长期资金市场）。货币市场是专门融通短期（一年以内）资金、实现短期资金借贷的市场，包括同业拆借市场、短期借贷市场、大额可转让定期存单（Certificate of Deposit，CD）市场、票据市场及短期债券市场等，具有期限短、变现能力强、风险小等特点。资本市场是以长期金融工具为直接交易对象，融通期限在一年以上的长期资金市场。资本市场的种类与构成很多，按金融工具可分为股票市场和债券市场；按市场职能可分为发行市场和流通市场；按交易组织形式可分为场内市场和场外市场；按交易方式可分为现货市场和期货市场等。资本市场具有期限长、变现能力弱、收益变化大、风险大等特点。

3. 金融市场与财务管理的密切关系

金融市场是企业投融资的重要场所。在证券市场中，上市公司可以通过发行新股、配股、增发新股、发行普通债券及发行可转换债券等筹集资金。企业有了暂时闲置资金，也可以投资于证券市场的股票、基金与债券等。金融市场是企业长短期资金周转转换的重要场所。企业急需周转资金时，可以将长期资金，如股票、基金、债券以及大额可转让定期存单与远期票据等，在金融市场卖出或兑现，变为短期资金；反之，当企业有了暂时闲置的短期资金时，也可以短期投资于证券市场的股票、基金与债券等，临时转换成长期资金。金融市场能为财务管理提供及时、有用的信息。金融市场的利率、价格变化趋势及资金供求情况等，都是财务管理及时、有用的信息。金融市场中利率的高低，各种金融工具的价格波动，都将影响企业的筹资成本，如银行贷款利率的提高会影响企业的贷款成本，公司股票价格的波动会影响公司配股或增发新股的价格等。

（二）金融机构

1. 中国人民银行与中国银行业监督管理委员会（简称“银监会”）

中国人民银行为国务院组成部门，是我国的中央银行（简称“央行”），是在国务院领导下制定和执行货币政策、经理国库、维护金融稳定、提供金融服务的宏观调控部门。当前，央行的监管职能体现在监督商业银行在执行货币政策时，是否遵循了央行制定的货币政策目标；而银监会的监督职能体现在监督商业银行的行为是否合规、合法。

2. 商业银行

商业银行是以营利为目的，主要经营存贷款与办理转账结算的金融企业。我国的商业银行可以分为两大类。①国有独资商业银行。我国的国有独资商业银行有中国工商银行、中国农业银行、中国银行与中国建设银行。近年来，它们的传统分工已经淡化。②股份制商业银行。我国的股份制商业银行是 1987 年开始发展起来的，现在有交通银行、深圳发展银行、中信实业银行、中国光大银行、华夏银行、招商银行、兴业银行、上海浦东发展银行、中国民生银行及各地的城市商业银行等。这些银行以公司法人股与财政入股为主，个别银行有个人股权。

3. 政策性银行

我国的政策性银行目前共有三家：国家开发银行、中国进出口银行和中国农业发展银行。它们都成立于 1994 年，是当时由于国家需要而由政府设立的，不面向公众吸收存款，而是以财政拨款与发行政策性金融债券为主要资金来源，不以营利为目的，主要是为了贯彻国家的产业政策与区域发展政策。但是，它们的资金也必须有偿使用，对贷款也要经过严格审查，并要求还本付息，周转使用，即坚持保本微利的原则。

4. 非银行金融机构

目前，我国主要的非银行金融机构有以下几类。①保险公司。保险公司主要经营的保险业务包括财产保险、责任保险和人身保险。以往，我国保险公司的资金运用被严格限制在银行存款、债券与证券投资基金范围内。近年来开始被逐步放宽，允许保险基金包括社保基金，一部分可直接进入证券市场。②信托投资公司。信托投资公司主要是以受托人的身份代人理财，主要业务有经营资金和财产委托、代理资产保管、金融租赁、经济咨询、证券发行及投资等。③证券机构。证券机构是指从事证券业务的机构，包括证券公司、证券交易所、证券登记结算公司。④金融租赁公司。金融租赁公司是指办理筹资租赁业务的公司组织，主要业务有动产和不动产的租赁、转租赁及回租租赁等。⑤农村信用社。

（三）利息率

利息率简称利率，是利息占本金的百分比指标。在金融市场上，利率是资金使用权的价格。一般说来，金融市场上的资金的购买价格，可用下式表示：

利率 = 纯粹利率 + 通货膨胀附加率 + 风险附加率

（1）纯粹利率

纯粹利率是指无通货膨胀、无风险情况下的平均利率。一般情况下，国库券的利率可以视为纯粹利率。

（2）通货膨胀附加率

通货膨胀使货币贬值，投资者的真实报酬下降。因此，投资者在把资金交给借款人时，会在纯粹利率的水平上加上通货膨胀附加率，以弥补通货膨胀造成的购买力损失。

（3）风险附加率

投资者除了关心通货膨胀附加率以外，还关心资金使用者能否保证让他们收回本金并取得一定的收益。这种风险越大，投资人要求的收益率越高，风险和收益之间存在对应关系。风险附加率是投资者要求的除纯粹利率和通货膨胀之外的风险补偿。

三、法律环境

财务管理的法律环境，是指企业经营中与外部发生经济关系时应该遵守的各种法律法规，主要是企业组织形式的法律规定与税收法律规定。国家管理经济活动与经济关系主要依靠行政手段、经济手段与法律手段。在市场经济不断完善的今天，国家采用行政手段管理经济越来越少，采用经济手段与法律手段则日益增多。

（一）企业组织形式法律规范

我国有关企业组织形式的法律主要有《中华人民共和国公司法》（简称《公司法》）《中华人民共和国全民所有制工业企业法》《中华人民共和国中外合资

经营企业法》《中华人民共和国中外合作经营企业法》《中华人民共和国个人独资企业法》与《中华人民共和国合伙企业法》等。组建不同性质的公司，必须依照不同的法律规范。

这些法律规范既是企业的组织法，又是企业的行为法，其中，对企业的设立条件、设立程序以及变更与终止的条件与程序等都做了规定。

在财务管理方面，应该特别注意到，非公司制企业的所有者（独资企业的业主与合伙企业的合伙人）要承担无限责任，一旦经营失败，无法偿还债务时，就要连带所有者的个人财产，以满足债权人的要求。

《公司法》中规定的公司，仅指有限责任公司与股份有限公司。这两种公司的股东，只承担有限责任，当公司无法偿还债务时，公司股东的经济责任以出资额为限。

（二）税收法律规范

税收法规可以分为两大类：一类是以《中华人民共和国税收征收管理法》为核心的程序法系；另一类是以增值税为主导的实体法系。目前我国的实体法按征税对象分类，共有 5 大类 19 个税种。

①流转税类：包括增值税、消费税、营业税、烟叶税和关税五种。

②收益税类：包括企业所得税、土地增值税、个人所得税三种。

③资源税类：包括资源税、耕地占用税和土地使用税三种。

④财产税类：包括房产税、城市房地产税、契税、车船税和车辆购置税五种。

⑤行为税类：包括固定资产投资方向调节税（目前暂停征收）、印花税、城市维护建设税和船舶吨税三种。

上述税种，除个人所得税是以国家法律形式发布实施外，其余税种均经全国人民代表大会授权，由国务院以行政法规的形式发布实施。企业可以在不违反税法的前提下，通过经济事务和投融资的合理安排，达到合理避税的目的，但绝不允许违反税法偷税漏税。因此，精通税法对财务管理人员具有重要意义。

与企业财务管理有关的还有各种证券法、结算法及合同法等法律法规。财务管理人员必须熟悉这些法律法规，在守法的前提下，实现财务管理的目标。

第四节　财务分析

一、财务分析的内容

财务分析信息的需求者主要包括企业所有者、债权人、经营决策者和政府等。不同主体出于不同的利益考虑，对财务分析有着各自不同的要求。

企业所有者作为投资人，关心其资本的保值和增值状况，因此较为重视企业获利能力指标。企业债权人因不能参与企业剩余收益分享，关注的是投资的安全性，因此更重视企业偿债能力指标。企业经营决策者必须对企业经营管理的各个方面，包括营运能力、偿债能力、获利能力及发展能力等进行详尽的了解和掌握，并关注企业财务风险与经营风险。

因此，财务分析的基本内容包括偿债能力分析、营运能力分析、获利能力分析和发展能力分析，四者是相辅相成的关系。

二、财务分析的作用

（一）评价企业的财务状况

财务分析应根据财务报表等综合核算资料，对企业整体和各个方面的财务状况做综合和细致的分析，并对企业的财务状况做出评价。财务分析应全面了解企业资产的流动性状态是否良好，资本结构和负债比例是否恰当，现金流量状况是否正常，最后说明企业长短期的偿债能力是否充分，从而评价企业长短期的财务风险与经营风险，为企业投资人和经济管理者等提供有用的决策信息。

（二）评价企业赢利能力

偿债能力和赢利能力是企业财务评价的两大基本指标。在企业偿债能力既定的情况下，企业应追求最大的赢利能力，这是企业的重要经营目标。是否长期具有良好和持续的赢利能力，是一个企业综合素质的基本体现。企业要生存和发展，就必须能获得较高的利润，这样才能在激烈的竞争中立于不败之地。企业的投资

者、债权人和经营者等都十分关心企业的赢利能力，同时只有赢利能力强的企业才能保持良好的偿债能力。财务分析应从整体部门和不同项目对企业赢利能力做深入分析和全面评价，不但要看绝对数也应看赢利水平，同时还要比较过去和预测未来的赢利水平。

（三）评价企业资产管理水平

企业资产作为企业生产经营活动的经济来源，其管理效率的高低直接影响企业的赢利能力和偿债能力，也表明了企业综合经营管理水平的好坏。财务分析应对企业资产的占有、配置、利用水平、周转状况和获利能力等，做全面和细致的分析，还要看相对数的收益能力；不能只看现在的赢利状况，也要看其对企业长远发展的促进作用。

（四）评价企业成本费用管理水平

从长远看，企业的赢利能力和偿债能力也与企业的成本费用管理水平密切相关。凡是经营良好的企业，一般都有较高的成本费用控制能力。财务分析应对企业一定时期的成本费用的耗用情况做全面的分析和评价，不但从整个企业和全部产品的角度进行综合分析，还要对企业的具体职能部门和不同产品做深入的分析，对成本和费用耗费的组成结构进行细致分析，才能真正说明成本费用增减变动的实际原因。

（五）评价企业未来发展能力

无论是企业投资人、债权人还是企业经济管理者，都十分关心企业的未来发展能力，因为这不仅关系企业的命运，也直接与他们的切身利益相关。只有通过全面和深入细致的财务分析，才能对企业未来的发展趋势做出正确的评价。在企业财务分析中，应根据企业的偿债能力和赢利能力、资产管理质量和成本费用控制水平，以及企业其他相关的财务和经营方面的各项资料，对企业中长期的经营前景做合理预测和正确的评价。这不但能为企业经济管理者和投资人等的决策提供重要依据，而且也能避免由于决策失误而给企业造成重大损失。

三、财务分析的基本方法

（一）趋势分析法

趋势分析法又称水平分析法，是将两期或连续数期财务报告中的相同指标进行对比，确定其增减变动的方向、数额和幅度，以说明企业财务状况和经营成果变动趋势的一种方法。采用这种方法，可以分析引起变化的主要原因和变动的性质，并预测企业未来的发展前景。

趋势分析法的具体运用主要有以下三种方式。

1. 财务指标的比较

财务指标比较是将不同时期财务报告中的相同指标或比率进行比较，直接观察其增减变动情况及变动幅度，预测其发展趋势。

（1）定基动态比率

它是以某一时期的数额为固定的基期数额而计算出来的动态比率。其计算公式为

定基动态比率＝分析期数额 ÷ 固定基期数额

（2）环比动态比率

它是以每一分析期的前期数额为基期数额而计算出来的动态比率。其计算公式为

环比动态比率＝分析期数额 ÷ 前期数额

2. 会计报表的比较

会计报表的比较是将连续数期的会计报表并列起来，比较其相同指标增减变动金额和幅度，据以判断企业财务状况和经营成果发展变化。会计报表的比较，具体包括资产负债表比较、利润表比较、现金流量表比较等。比较时，既要计算出表中有关项目增减变动的相对额，又要计算出其增减变动的百分比。

3. 会计报表项目构成的比较

会计报表项目构成的比较是在会计报表比较的基础上发展而来的，它是以会

计报表中的某个总体指标作为100%，再计算出其各组成项目占该总体指标的百分比，从而来比较各个项目百分比的增减变动，以此来判断有关财务活动的变化趋势。这种方法比前述两种方法更能准确地分析企业财务活动的发展趋势。它既可用于同一企业不同时期财务状况的纵向比较，又可用于不同企业之间的横向比较。同时，这种方法能消除不同时期（不同企业）之间业务规模差异的影响，有利于分析企业的耗费水平和赢利水平。

但采用趋势分析法必须注意以下问题：①用于进行对比的各个时期的指标，在计算口径上必须保持一致；②剔除偶发性项目的影响，使作为分析的数据能反映企业正常的经营状况；③对某项有显著变动的指标做重点分析，研究其产生的原因，以便采取对策，趋利避害。

（二）比率分析法

比率分析法是指利用财务报表中两项相关数字的比率揭示企业财务状况和经营成果的一种分析方法。在财务分析中，比率分析法比趋势分析法更具科学性、可比性。根据分析的目的和要求的不同，比率分析法的比率指标类型主要有以下三种。

1. 构成比率

构成比率又称结构比率，是某个经济指标的各个组成部分与总体的比率，反映部分与总体的关系。其计算公式为

构成比率 = 某个组成部分数额 ÷ 总体数额

利用构成比率，可以考察总体中某个部分的形成和安排是否合理，以便协调各项财务活动。

2. 效率比率

效率比率是某项经济活动所费与所得的比率，反映投入与产出的关系。利用效率比率指标，可以进行得失比较，考察经营成果，评价经济效益。如将利润项目与销售成本、销售收入、资本等项目加以对比，可计算出成本利润率、销售利

润率及资本利润率指标，可以从不同角度比较企业获利能力的高低及其增减变化情况。

3. 相关比率

相关比率是根据经济活动客观存在的相互依存、相互联系的关系，以某个项目和其他有关但又不同的项目加以对比所得的比率，反映有关经济活动的相互关系。利用相关比率指标，可以考察有联系的相关业务安排得是否合理，以保障企业营运活动能够顺畅进行。例如，将流动资产与流动负债加以对比，计算出流动比率，判断企业的短期偿债能力。

比率分析法的优点是计算简便，计算结果容易判断，而且可以使某些指标在不同规模的企业之间进行比较，甚至也能在一定程度上超越行业间的差别进行比较。但采用这一方法时对比率指标的使用应注意以下几点。

①对比项目的相关性。计算比率的子项和母项必须具有相关性，对不相关的项目进行对比是没有意义的。

②对比口径的一致性。计算比率的子项和母项必须在计算时间、范围等方面保持口径一致。

③衡量标准的科学性。运用比率分析法，需要选用一定的指标与之对比，以便对企业的财务状况做出评价。通常而言，对比标准有预定目标、历史标准、行业标准及公认标准。

（三）因素分析法

因素分析法也称因素替换法，它是用来确定几个相互联系的因素对分析对象——综合财务指标或经济指标的影响程度的一种分析方法。采用这种方法的出发点在于，当有若干因素对分析对象发生影响作用时，假定其他各个因素都无变化，顺次确定每一个因素单独变化所产生的影响。

因素分析法具体有两种：一是连环替代法，它是将分析指标分解为各个可以计量的因素，并根据各个因素之间的依存关系，顺次用各因素的比较值（通常为实际值）替代基准值（通常为标准值或计划值），据以测定各因素对分析指标的

影响；二是差额分析法，它是连环替代法的一种简化形式，是利用各个因素的比较值与基准值之间的差额，来计算各因素对分析指标的影响。

因素分析法既可以全面分析各因素对某一经济指标的影响，又可以单独分析某个因素对某一经济指标的影响，在财务分析中应用颇为广泛。但在应用这一方法时必须注意以下几个问题。

（1）因素分解的关联性

确定构成经济指标的因素，必须是客观上存在着的因果关系，要能够反映形成该项指标差异的内在构成原因，否则就失去了其应用价值。

（2）因素替代的顺序性

确定替代因素时，必须按照各因素的依存关系，排列成一定的顺序并依次替代，不可随意加以颠倒，否则就会得出不同的计算结果。一般而言，确定正确排列因素替代程序的原则是，按分析对象的性质，从诸因素相互依存关系出发，并使分析结果有助于分清责任。

（3）顺序替代的连环性

因素分析法在计算每一个因素变动的影响时，都是在前一次计算的基础上进行的，采用连环比较的方法确定因素变化影响的结果。因为只有保持计算程序上的连环性，才能使各个因素影响之和等于分析指标变动的差异，以全面说明分析指标的变动原因。

（4）计算结果的假定性

因素分析法计算的各因素变动的影响数，会因替代计算顺序不同而有差别，因而计算结果不免带有假定性，即它不可能使每个因素计算的结果都达到绝对的准确。它只是在某种假定前提下的影响结果，离开了这种假定前提条件，也就不会是这种影响结果。为此，财务人员分析时应力求使这种假定是合乎逻辑的假定，是具有实际意义的假定。这样，计算结果的假定性，才不至于妨碍分析的有效性。

四、财务分析的局限性

财务分析对于了解企业的财务状况和经营业绩，评价企业的偿债能力和经营能力，帮助制定经济决策，有着显著的作用。但由于种种因素的影响，财务分析也存在着一定的局限性。在分析中，应注意这些局限性的影响，以保证分析结果的正确性。

（一）财务报表本身的局限性

财务报表是公司会计系统的产物。而每个公司的会计系统，受到会计环境和公司会计战略的影响，会使财务报表扭曲公司的实际情况。

会计环境因素包括会计规范和会计的管理、税务与会计的关系、外部审计、会计争端处理的法律系统、资本市场结构、公司治理结构等。这些因素是决定公司会计系统质量的外部因素。会计环境的缺陷会导致会计系统的缺陷，使之不能反映公司的实际情况。会计环境的重要变化会导致会计系统的变化，影响财务数据的可比性。例如，会计规范要求以历史成本报告资产，这使财务数据不代表其现行成本或变现价值；会计规范要求假设币值不变，这使财务数据不按通货膨胀率或物价水平调整；会计规范要求遵循谨慎性原则，这使会计预计损失而不预计收益，有可能少计收益和资产；会计规范要求按年度分期报告，造成只报告短期信息，不提供反映长期潜力的信息等。

会计战略是公司根据环境和经营目标做出的主观选择，包括会计政策的选择、会计估计的选择、补充披露的选择及报告具体格式的选择。不同的会计战略会导致不同公司财务报告的差异，并影响其可比性。例如，对同一会计事项的账务处理会计准则允许使用几种不同的规则和程序，公司可以自行选择，包括存货计价方法、折旧方法、对外投资收益的确认方法等。虽然财务报表附注对会计政策的选择有一定的表述，但报表使用人未必能完成可比性的调整工作。

以上两方面的原因，使得财务报表存在以下三方面的局限性：①财务报表没有披露公司的全部信息，披露的只是其中的一部分；②已经披露的财务信息存在会计估计误差，不一定是真实情况的准确计量；③管理层的各项会计政策选择，使财务报表扭曲公司的实际情况。

（二）财务报表的可靠性问题

只有符合规范的、可靠的财务报表，才能得出正确的分析结论。所谓符合规

范，是指除了以上三点局限性以外，没有更进一步的虚假陈述。外部分析人员很难认定是否存在虚假陈述，财务报表的可靠性问题主要依靠注册会计师解决。但是注册会计师不能保证财务报表没有任何错报和漏报，而且并非所有注册会计师都是尽职尽责的，因此，分析人员必须自己关注财务报表的可靠性，对于可能存在的问题应保持足够的警惕。

外部分析人员虽然不能认定是否存在虚假陈述，但是可以发现一些“危险信号”。对于存在“危险信号”的报表，分析人员要进行更细致的考察或获取相关的其他信息，对报表的可靠性做出判断。

常见的危险信号包括以下几项。

（1）财务报告的形式不规范

不规范的财务报告其可靠性应受到怀疑。要注意财务报告是否有遗漏，遗漏即违背充分披露原则；要注意是否及时提供财务报表，不能及时提供财务报表暗示公司管理者与注册会计师存在分歧。

（2）要注意分析数据的反常现象

如无合理的反常原因，则要考虑数据的真实性和一贯性是否有问题。例如，原因不明的会计调整，可能是利用会计政策的灵活性“修饰”报表；与销售相比应收账款异常增加，可能存在提前确认收入的问题；报告收益与经营现金流量的缺口增加，报告收益与应税收益之间的缺口增加，可能存在盈余管理；大额的资产冲销和第四季度的大额调整，可能是中期报告有问题，年底时受到外部审计师的压力而被迫在年底调整。

（3）要注意大额的关联方交易

这些交易的价格缺乏客观性，会计估计有较大主观性，可能存在转移利润的动机。

（4）要注意大额资本利得

在经营业绩不佳时，公司可通过出售长期资产、债转股等交易实现资本利得。

（5）要注意异常的审计报告

无正当理由更换注册会计师，或审计报告附有保留意见，暗示公司的财务报表可能粉饰过度。

（三）比较基础的问题

在比较分析时必然要选择比较的参照标准，包括本公司历史数据、同业数据和计划预算数据。

横向比较时需要使用同业标准。同业的平均数只有一般性的指导作用，不一定有代表性，不是合理性的标志。选一组有代表性的公司求其平均数，作为同业标准，可能比整个行业的平均数更有意义。近年来，不少公司更重视以竞争对手的数据作为分析基础。但有时公司实行多种经营，没有明确的行业归属，同业比较更加困难。

趋势分析以本公司历史数据作为比较基础。历史数据代表过去，并不代表合理性。经营环境是变化的，今年比上年利润提高了，不一定说明已经达到应该的水平，甚至不一定说明管理有了改进。会计规范的改变会使财务数据失去直接可比性，要恢复其可比性成本很大，甚至缺乏必要的信息。

实际与计划的差异分析，以计划预算数据作为比较基础。实际和预算出现差异，可能是执行中有问题，也可能是预算不合理，两者的区分并非易事。

总之，对比较基础本身要准确理解，并且要在限定意义上使用分析结论，避免简单化和绝对化。

第二章　中小企业财务管理模式

第一节　财务管理模式概述

一、管理模式的内容及特点

（一）管理模式及其内容

管理模式是指管理者在一定管理思想的指导下，对组织的管理目标、管理对象和管理手段进行整合以推动组织有效运转，在长期的管理实践中形成的独具特色且相对稳定的管理状态。

管理模式的定义涉及管理思想、管理目标、管理对象、管理手段和管理的最终状态等方面。从其构成内容看，有以下 7 个子模式：体现管理思想和管理目标的管理理念模式，作为管理对象的组织结构模式，反映管理效果的组织行为模式和组织形象模式，还有作为管理手段的组织沟通模式、管理激励模式和管理控制模式。

1. 管理理念模式

管理理念，是指用来体现管理组织的理想、追求和价值观，指导管理组织长期生存与发展的基本信念。理念是企业生存与发展的驱动力，企业的成功要求管理者必须树立自己的核心理念。

2. 组织结构模式

任何组织的管理，都是对结构的管理。在企业里，管理者常常面对各种各样的结构，如组织结构、资金结构、产业结构等。这里所说的结构模式是指企业的组织结构方面，它对其他类别的结构有着直接而深刻的影响。组织结构是根据战略目标及决策计划来确定的，它是管理者对人、财、物等组织资源的整合状态。

合理的组织结构模式应能指引企业实现战略管理目标，并能根据企业的实际情况，对企业人、财、物等资源实现有效合理的整合。

3. 组织行为模式

组织行为，是指组织的个体、群体或组织本身从组织的角度出发，对内源性或外源性的刺激所做出的反应。任何目标的实现都有赖于一定行为的实施。组织行为应根据管理目标和效率要求做出预先的理性设计并制定出相应的行为规范，并能从组织所有成员的各种不同的职务行为中反映出其内在的一致性。

4. 组织形象模式

组织形象，是社会公众对组织综合评价后所形成的总体印象，组织形象通常包括物理形象、作业形象、品质形象、效率形象、社会形象。组织形象能反映管理水平的高低及有效程度。管理好，组织形象好；管理差，组织形象也差，可见良好的组织形象对于企业来说是一笔重要的无形资产。

5. 组织沟通模式

组织沟通，是科学管理的必备基础和重要内容，管理者必须重视沟通在管理中的地位和作用，如果沟通问题解决了，那么组织运转便已成功了一大半。沟通主要包括信息沟通、情感沟通和行为沟通，企业应根据沟通的目标和效率要求，科学设计沟通内容和沟通方式。成功的沟通模式应能使组织成员之间建立起密切联系，增强他们的团队协作意识，培养他们的整体观念。

6. 管理激励模式

管理激励是为了使职员乐于承受并富有效率地完成组织交给的任务而采取的

措施。科学良好的激励应考虑激励的对象、手段、频率、程度和效果，以充分调动员工工作的积极性，使组织形成紧密协作的团队。

7. 管理控制模式

管理控制是指对员工的活动进行监督，以使组织朝着既定的目标健康地向前发展，而采取的一系列措施和程序。科学合理的控制模式要求组织能根据组织目标和绩效的要求，制定科学的控制标准、控制内容、控制程序和控制方法。

通看这 7 个子模式，不难发现，这正好体现了管理的基本过程：从管理理念开始，设置管理目标和任务，运用管理手段（组织沟通、管理激励和管理控制）作用于管理对象——组织结构，达到一定的管理效果（组织行为和组织形象）。

（二）管理模式的特点

1. 目的性

企业管理模式是有目的的人工系统，是为实现企业经营目标服务的。企业经营目标是一个“目标—手段”体系。总目标是利润最大化，实现总目标需要一系列手段，这些手段就成为第二层目标；第二层目标的实现又需要有一系列更具体的手段，这些手段又成为第三层目标。

2. 整体性

企业管理模式是各种管理要素、管理子系统的有机组合。建立企业管理模式不是追求其某些要素、子系统、环节的局部优化，而是追求整体优化，追求整体功能最佳。整体功能不是局部功能的简单相加，而是各局部功能在其组合上形成的最佳总功能。管理模式不仅要反映这种整合过程，而且要体现出整合后的状态，因此，管理模式具有整体性。

3. 制度性

企业如果不追求一种制度性的管理，就不可能形成稳定的管理模式。如果企业管理处于无制度状态，那么就没有模式可言，因为制度性是管理模式的根本特征，是最重要的性质。

4. 独特性

企业管理模式是共性和个性的统一，既反映同类企业管理的共同特征，又有每个企业的各自特征。因而对同类企业科学的、成功的管理模式可以借鉴，企业类型越接近，借鉴性越强，但绝不能照搬。正如世界上没有两片完全相同的树叶一样，现实经济生活中也不可能存在两个完全相同的管理模式，每个管理模式都是唯一的。这是独特性的本义所在。

5. 客观性

即使在一般意义上讲管理模式，它也应体现一定的客观内容。也就是说，当谈到某种模式时，它不应该只是一种抽象的概括而缺乏明确的内容。既然是管理模式，其内容自然要与管理活动有关。

6. 长期性

管理模式的形成是一个长期的过程，它不可能在短期内成型，管理者应该有充分的耐心，以科学管理来推动管理模式的建立。

7. 动态性

企业管理模式不是一成不变的。随着企业经营内容、经营规模、生产技术特点和外部环境的变化，应不断调整以至转换，当然在模式调整与转换中，也应注意继承性，实现新旧模式的平稳过渡，避免模式转换中造成不应有的损失。

二、财务管理模式及其特点

（一）财务管理模式及其内容

财务管理模式是指管理者在一定财务管理思想的指导下，对企业财务管理目标、财务管理对象和财务管理方法进行整合以推动财务管理活动有效、合理运行的一种管理状态。

财务管理活动中所采用的财务组织结构、财务管理行为、财务管理手段等，其实质是对企业资本进行有效运营，以实现企业财务管理目标。财务管理模式的设计应考虑企业规模、行业特点、业务类型等因素，要有利于提高财务管理效率。根据现代企业的特点，财务管理模式应由以下几个部分构成。

1. 财务管理理念模式

财务管理理念，即企业财务管理的观念，是对财务工作过程中形成的基本观点和基本思想的认识，它体现了财务管理者的立场、观点和方法，是进行企业财务管理工作的重要基础，对企业财务管理的内容、方法及其工作质量有着重要影响。

财务管理理念分为基础理念、核心理念和业务理念三个层次。基础理念是指财务管理过程中最基本的、对财务管理方法的形成和运用具有指导性的理念，如系统理念、平衡理念、弹性理念、优化理念等。核心理念是指财务管理方法运用过程中必须持有的理念，它决定着财务管理方法是否能被正确运用，如货币时间价值理念、风险与收益配比理念、资金成本理念等。业务理念是指在财务管理的某一领域中运用某一方法时企业所选用的理念，这些理念针对某类财务管理活动而发挥作用，如筹资时的资本结构理念和财务杠杆理念，投资时的投资组合理念和经营杠杆理念，在企业运营控制中的资金流转理念，选择分配政策时的资本结构理念和分配政策理念等。

科学的财务管理理念是与时俱进的，是与不断变化的财务管理环境相适应的，它可以使企业在新的发展时期抓住机遇，促进企业的可持续发展。

2. 财务管理目标模式

财务管理目标又称理财目标，是企业进行财务活动所要达到的根本目的，是评价企业理财活动是否合理的基本标准，它决定财务管理的基本方向。

财务管理目标是一个由整体目标、分部目标和具体目标构成的目标体系。整体目标是整个企业进行财务管理所要实现的目标，也就是我们通常所说的财务管理目标，它决定着分部目标和具体目标，是财务活动的出发点和归宿。分部目标是指在整体目标的制约下，进行某一部分财务活动所要实现的目标，如筹资目标。具体目标是指在整体目标和分部目标的制约下，从事某项具体财务活动所要达到

的目标，如某次借款要达到的目标，是整体目标和分部目标的落脚点。

财务管理目标制约着财务运行的基本特征和发展方向，是财务运行的一种驱动力。科学合理的财务管理目标，可以优化理财行为，实现财务管理的良性循环。

3. 财务关系模式

财务关系是企业在理财活动中产生的与各相关利益主体间的经济关系。可以将其概括为五个方面的内容：企业与出资者之间的财务关系、企业与债权人之间的财务关系、企业与国家作为行政事务管理者之间的财务关系、企业与市场交易主体之间的财务关系和企业内部各部门之间的财务关系。科学合理的企业财务关系模式可以规范现代企业的各项财务关系，尤其是内部财务关系。

4. 财务权责模式

财务权责是指用于规范企业各级财务管理单位（人员、机构）的权利与责任，是财务管理权利与责任的统称。

合理的财务权责模式应能使企业各级财务管理人员的权利和责任都十分明确，做到各司其职，各负其责，充分调动各方面的积极性。

5. 财务运行模式

财务运行模式是财务各要素之间彼此依存，有机结合和自动调节所形成的内在关联及运行方式，是企业财务管理模式的主要部分。它包括财务组织机构的设置、财务信息沟通机制、财务管理与控制机制和财务激励机制。有效的财务运行模式应能规范企业财务管理的系统内容、工作过程及机构设置等。

通过这五个子模式，不难发现，这正好体现了财务管理的基本过程：从财务管理理念开始，经过实施财务运行模式，从中体现出一定的财务关系和财务权责，最终达到预定的财务管理目标。

（二）财务管理模式的特点

1. 稳定性

企业财务管理模式既然是一种标准样式，是制度化，那么一经形成，就应该以稳定的形式实施其管理活动并发挥作用，如稳定的管理流程、财务制度、管理方式等，而不是随心所欲的。要保持财务管理模式的稳定性与连贯性，使财务预测、决策、控制等财务管理方法能有效施行，应尽力提高财务管理效率。当然，这种稳定性是较短时期内的稳定，是动态中的静态，决不是恒定不变的。

2. 一致性

财务管理是企业管理的重要手段，其管理目标要受企业总体目标的制约，因此财务管理模式不仅要与企业生存的宏观经济环境相适应，还要与企业内部的微观经营状况（规模、组织结构等）相一致。在不同的经济体制下，企业的财务管理模式是不同的；面对不同的经营现状，应采用不同的财务管理模式；在不同的发展阶段应采用不同的财务管理模式。

3. 可调节性

虽然企业财务管理模式具有稳定性，但并不代表其是一成不变的，为了与企业面对的宏观和微观经济环境，以及企业的发展需要相一致，必然会随着这些因素的变化进行调节，故财务管理模式具有一定的可调节性。通过调节，以适应企业的需要，这种调节使企业财务管理模式的发展呈现出阶段性。财务管理模式本身应该是不断发展的，这种发展过程从短时间来看，更多的是一种调节过程，根本的突破性的发展是不常见的。

4. 协调性

财务管理是企业管理的重要组成部分，与生产管理、营销管理并称为企业的三大决策支柱，在企业的生产经营中共同发挥作用。可以说，一个企业的发展应该是一种合力作用的结果。由此可知，财务管理与生产管理、营销管理还有新兴的人力资源管理之间有着非常密切的关系。在一定程度上，可以说它们是相互依存、相互促进的。因此，好的财务管理模式必须能与其他管理模式相协调，即具有协调性，以达到最佳的作用效果。

第二节　中小企业财务管理模式的选择

一、我国中小企业财务管理的特点

与大型企业相比，我国中小企业的财务管理主要有以下特点。

1. 财务管理理念经济化

我国中小企业规模小、资金少、人员少，一般处于开创或成长阶段，财务管理理念多奉行简单化和节约化。例如，对财务活动的预测、财务计划的编制，一般采用定性分析法和定额法等简单易行的方法；对财务活动的决策往往根据管理人员的经验进行判断；在财务管理的理念上着重考虑成本的节约。

2. 财务管理目标多元化

我国中小企业的业主往往同时就是经理，企业任何财务活动的决策（包括筹资、投资、分配等）都由业主经理人做出。业主经理作为现实生活中的一个自然人，不仅有物质方面的需求，还有精神方面的需求。他们没有必要像大型企业的经理那样一切为了公司市场价值的提高，全力追求物质目标。因此，我国中小企业的财务管理除了有物质方面的目标外，还有精神方面的目标，有时精神方面的目标在企业的财务管理决策中所发挥的作用甚至比物质目标还要大。例如，一些独资企业或家庭企业的主要目标是解决就业问题，他们不会且环境也不允许他们把利润最大化作为追求的主要目标。可以肯定，由于我国中小企业代理关系的特殊性，其财务管理目标与大企业有很大的不同，它的目标具有多元化性质。

3. 财务关系简单化

我国多数中小企业的出资人，既是企业的所有者又是企业的经营者；企业的资金来源基本靠内源型融资方式取得，企业很少有大的债权人；企业除了与国家存在经济利益关系外，与其他为数不多的企业，主要是通过市场交易产生的交易关系和经济利益关系等，财务关系的处理相对简单。

4. 财务权责集中化

我国中小企业的财务管理权往往集中在少数高层管理者手中，尤其是家族型企业表现较为明显。任何项目投资、资金划拨、融资筹资及日常的财务收支等财务管理活动都是由企业主要领导亲自审批的，财务管理权责比较集中。

5. 财务组织架构简易化

一方面，由于我国中小企业财务管理活动涉及的时空范围狭窄，其资金流量和存量不大，因此，财务的组织规模相对较小，组织机构设置主张简单实用，而且综合管理职能突出。另一方面，我国中小企业中不乏家族型企业，企业高层管理者为了保持对财务的严格控制，设置的控制幅度较宽，组织层次则较少。在这种组织架构下，我国中小企业财务管理人员的注意力主要集中在“上司、活动、任务”方面，而非“顾客、流程、结果”。

6. 财务管理制度非正式化

由于我国中小企业规模小，内部组织机构简单，加之企业经营管理权和所有权的统一、多属负完全责任的个人经营、初始资本及可利用的资本少等特点，财务管理与控制起来比较容易，财务激励多以物质激励为主。因此，在财务管理制度上主要表现为：财务决策控制权高度集中，管理职责比较粗放，细分程度不高，财务管理活动的非正式化倾向较显著。

二、我国中小企业财务管理模式的选择原则

由于我国中小企业自身的特点，其在进行财务管理模式的选择时，除了要遵循企业财务管理模式的一般选择原则外，还要遵循专门针对我国中小企业的特有选择原则。

（一）一般原则

适合所有企业财务管理模式选择的一般原则主要有以下五点，当然这些原则对于我国中小企业财务管理模式的选择也是适用的。

1. 科学性原则

科学性原则是指所建立的财务管理模式，必须遵循企业财务管理活动过程的固有规律及工作人员自身思维过程的固有规律。

2. 连续性原则

连续性原则是指所建立的财务管理模式，必须保证企业财务管理的全过程由诸多相互联系并且首尾衔接的工作环节构成。

3. 完整性原则

完整性原则是指所建立的财务管理模式，必须能够解决企业财务管理工作中的全部问题和全部矛盾，而且必须保证企业财务管理工作能够在纵横两个方向都有序地进行。在横向上的有序，主要是针对企业的财务管理工作应该一步接着一步、一环扣着一环地进行而言的；纵向上的有序，主要是针对企业的各级管理单位或人员必须各行其权、各尽其责、各执其事而言的。

4. 新颖性原则

新颖性原则是指所建立的财务管理模式，能够按照市场经济条件下管理会计与财务会计相分离的经验，保证向企业的外部利害关系人提供公证的报告信息和向内部管理部门提供有用的管理信息。

5. 超前性原则

超前性原则是指所建立的财务管理模式，必须与市场经济的发展、金融市场的完善与繁荣相合拍，保证企业能够在筹资渠道多样化、筹资方式多元化、投资去向复杂化的条件下顺利地组织财务管理工作。既能保证在国家现有政策法规下顺利进行，又能保证大框架符合市场经济下财务管理的发展方向，以便适应今后财务管理制度的进一步改革，并逐步实现与国际接轨。

（二）特有原则

由于我国中小企业不同于大企业，所以我国中小企业在选择财务管理模式时不仅要遵循一般原则，还要遵循经济性、开放性和集权性的中小企业的特有的选择原则。

1. 经济性原则

所谓经济性原则是指，我国中小企业在选择财务管理模式时，应在确保实现各方面要求的情况下，使成本最低化。

我国中小企业的资金少、筹资难、规模不经济等因素，都要求其在选择财务管理模式时应遵循经济性原则。但是经济性原则并不是要求一味地降低成本，而是强调模式选择的合理性，相对于企业长远收益来说，具有经济性。因为如果把目标设定为成本最低，就会造成企业一味地降低成本，从而简化选择环节，致使最终不能达到提升企业竞争优势的目的，反而给企业带来很大的管理隐患，得不偿失。这里考虑的是企业的长远发展，经济性原则有利于企业持续保持竞争优势。

2. 开放性原则

开放性原则也即外包原则，是指企业通过与外部其他企业或非自然人签订契约，将一些传统上由公司内部员工负责的业务或机能外包给专业、高效的服务提供商的经营形式。开放性是一种有丰富内涵、范围广阔，适度借用外部资源，有效弥补企业自身资源的不足，缩小战略目标与资源条件差距的企业经营行为；是一种充分发挥公司客户界面、营销渠道、网络运营优势，拓展合作领域，创新价值链多赢的营利模式。

采用此原则可以规避劳动用工风险，提高效率，降低成本，增强企业核心竞争力，加强企业精确化管理，改善服务能力和服务质量，有效降低我国中小企业人员少、人员素质低的风险，提升企业竞争力，确保企业在激烈的市场竞争中持续健康发展。

3. 集权性原则

集权性原则是指对组织要素进行集中，它缩短了组织管理或组织控制的幅度而增加层次，并使组织变得更加森严和强硬，同时也延长了指挥和沟通的渠道。其好处是显而易见的：强化管理与控制机能，部门直接对高层管理负责；组织权威可高度集中于少数有活力、能干和经验丰富的领导者身上；有利于组织的政策、

命令协调一致，保证组织策略和计划的有效实施。

此原则非常适合我国中小企业，因为我国中小企业人员少，组织结构简单，即使延长指挥和沟通的渠道，负面影响也不大，相反由于权力的集中，有效解决了管理不规范所带来的一系列问题，同时由于上下协调的一致性，更能发挥我国中小企业经营灵活的优势。

三、我国中小企业财务管理模式的选择分析

在当前的经济环境下，企业的兴衰在很大程度上依赖于企业的有效管理，而财务管理是企业生产经营管理的核心，选择适合企业特点的财务管理模式，是开展财务工作的重要前提。

（一）非网络环境下我国中小企业财务管理模式的选择

非网络环境，是指企业没有采用计算机技术和信息网络技术进行财务管理活动的环境。

在非网络环境下，由于企业所处的政策环境、法律环境、社会环境、市场环境以及企业规模、财务活动的不同，我国中小企业可以从不同的组织结构和生产经营发展过程两方面考虑财务管理模式的选择。

1. 根据企业的不同组织结构选择财务管理模式

（1）中小企业的两种主要组织结构概述

企业的组织结构是表明组织内各部分的排列顺序、空间位置、聚散状态、联系方式以及各要素之间相互关系的一种模式。组织结构是组织的框架，企业只有选择适合企业发展的组织结构，才能推动企业的发展。本书介绍的企业的组织结构形式主要有以下两种。

①职能型组织结构。职能型组织结构的特点是权力集中于企业最高层，实行等级化的集中控制。企业实行职能分工，按职能分为若干垂直管理部门，由最高主管协调控制，职能型组织结构主要存在于小型企业。

②网络型组织结构。网络型组织结构的特点是集合多个独立的、职能单一的

企业、分厂。它是一种依靠中心组织以合同联系其他组织进行供应、制造、营销或其他关键业务的经营活动的结构，其主要存在于中型企业，在电子、玩具和服装行业很普遍。

（2）不同组织结构下财务管理模式的选择

①职能型组织结构的财务管理模式选择。

对职能型组织结构的中小型企业，应选择集中型的财务管理模式，统一管理，统一核算。通过集中型财务管理可以使企业了解本身的人、财、物的状况，有利于对企业资源的整合和利用；可以集中资金管理，进行合理投资，规避风险；可以对企业下级部门实施有效的控制，保证企业战略决策得到及时贯彻和实施。但其缺点是：财务等信息的收集、传递路线较长，反馈慢，对环境变化适应性差；权力的集中致使下级部门多是服从性地完成工作，积极性和创造性不强。

按照职能划分各部门，总经理主持并全面负责本公司的行政管理工作，制定公司的管理规定，并负责协调各部门的工作。财务部主管主持财务部门的日常工作，负责公司的会计核算和财务管理。会计员负责公司的报表、成本控制、税务等工作。审计员负责公司的审计监督和财务的分析、考核。出纳员负责公司与现金有关的工作。

②网络型结构组织的财务管理模式选择。

网络型组织结构是一种很精干的中心机构，以契约关系的建立和维持为基础，依靠外部机构进行制造、销售或其他重要业务经营活动的组织结构形式。被联结在这一结构中的各经营单位之间并没有正式的资本所有关系和行政隶属关系，只是通过相对松散的契约（正式的协议契约书）纽带，透过一种互惠互利、相互协作、相互信任和支持的机制来进行密切的合作。

网络型组织结构是一种新型组织结构模式，由于它的网络结构较为复杂，企业对其外部机构的财务控制权很小，有些学者认为没有研究的必要。相反，网络型组织结构恰恰更需要科学的财务管理模式，其可以选择“独立核算、关键点控制型”的财务管理模式。网络型组织结构十分灵活，各部分财务专管，所以极大分散了风险；因多采用合约制，有法律做后盾，能使企业经营活动有可靠保障；

网络型组织结构各部门专项负责，当经济环境波动时能迅速进行改革重组。其缺点是，网络型组织结构没有对各部分财务的绝对控制权，无法有效控制质量状况；若某部分出现问题，易导致企业某环节的缺失，影响企业的生产经营；组织中个别部门可能恶意毁约或另投他家，使组织不够稳定。

机构中实行财务专管，针对外包出去的各职能分别设置与其相对应的财务部，如针对研发机构有相应的研发财务部，负责与研发机构有关的财务工作；针对制造商有相应的制造财务部，负责与制造商相关联的财务工作；针对销售代理商有相应的销售财务部，负责与销售代理商相关的财务工作等。最后再分别汇报给总经理，由总经理负责各财务部门的协调，以及对重大事务的决策。这种设置极大地分散了企业的财务风险。

2. 根据企业的生产经营发展过程选择财务管理模式

（1）开创阶段的企业财务管理模式

处于开创阶段的企业，其财务管理有如下特点：资金需要量大；产品的销路相对狭窄；利润额低，甚至是负数；人员方面较为精简，存在一人身兼数职的情况，有时往往表现为家族式生产；技术水平较低，有时表现为作坊式生产，这时候的企业是典型的小型企业。

针对以上特点，公司在制定财务管理模式上可以相对简化一些。企业小，创业者集投资者、生产经营者、管理者于一身。对于初创时期的企业来说，创业者对筹资、投资以及日常财务管理工作都要过问，财务大权完全操控在创业者手中，财务管理模式是典型的创业者财务集中治理模式。在开创阶段存在财务人员身兼数职的情况。

（2）成长阶段的企业财务管理模式

处于成长阶段的企业信誉较好，产品销售对路，发展速度较快，市场需求旺盛，销售额大幅度上升，企业为了扩大生产，需要增加投资，增添厂房、机器设备、存货和劳动力，与此相适应则需筹集大量资金以满足投资扩张的需要，这时候的企业已经走上中型发展的道路。

企业规模扩张的同时也伴随着组织结构的膨胀，业务链的拉长和组织层级的增多，必然造成代理成本的提高，财务集中治理模式已不能适应管理幅度增长的要求。为了适应管理幅度增长的要求，财务权力应适当下移，建立适当分权的财务管理体制更能激发基层单位的积极性，为企业可持续增长提供体制保障。

在这个阶段，企业的经营者财务分散治理模式逐渐形成。随着企业的不断成长及其规模的壮大，企业组织结构由单层逐渐形成多层，由简单逐渐变得复杂，企业内部控制制度逐渐完善，子公司采取分散管理、预算控制，创业者不断授权给具有经营管理专长的职业经理人员；创业者对企业的发展战略、业务规划、重大的财务事件进行决策管理，经营者负责具体的战略规划及其实施，所有权与经营权逐渐发生分离。

财务部主管主持并全面负责财务部的行政管理工作，制定财务部管理规定及会计制度、方法，并组织实施，全面协调企业内外关系，参与生产决策等。财务助理协助财务经理完成财务部日常事务工作。预算员协助预算主管完成各项预算计划的编制和执行工作，做好预算部门相关的日常事务工作。审计员在审计主管领导下，按照国家审计法规、公司财会审计制度的有关规定，负责拟定公司具体设计实施细则，在上级批准后组织执行。财务分析员分析、预测公司各种财务指标，向管理层提供决策支持。会计员设置和登记总账与各明细账，并编制各类报表。这种分散型管理模式有利于企业的发展。

（二）网络环境下我国中小企业财务管理模式的选择

网络环境，是指企业采用计算机技术和信息网络技术进行财务管理活动的环境。

随着计算机技术与网络信息技术在我国的迅猛发展和普及，我国中小企业财务管理活动所处的外部环境发生了改变，为了适应环境的变化，我国中小企业必须积极创新，构建与网络环境相适应的财务管理新模式。在网络环境下，目前主要可以采用以下两种财务管理模式。

1. ERP 模式

采用这种模式时，需要企业自行组建企业内联网，购买并安装 ERP 网络财

务软件，从而建立起网络财务软件运行所需要的硬件、软件和网络平台。

由于这种模式需要花费大量资金用于购建硬件、软件及网络环境，因此它主要适合于我国中小企业中资金雄厚、实力较强的中型企业。这些企业的经营范围较广，业务内容较为复杂，因此财务核算与管理也十分繁杂，企业内部信息交流、业务与财务实时沟通的需求非常强烈，客观上迫切要求提高工作效率、降低管理成本。

在 ERP 模式下，企业利用网络财务提供的业务协同、远程处理及管理分析的功能，不但可以极大地降低信息传输成本，而且还能满足企业理财及管理的需要。

2. ASP 模式

ASP 模式是指应用服务提供商以在线或租赁方式给网络商业用户提供包括硬件、软件和信息服务在内的系统解决方案的网络增值服务形式。应用服务提供商与企业在共同签署外包协议或合同之后，企业将其部分或全部与业务流程相关的应用、财务委托给服务商，服务商将保证这些业务流程的平滑运作。服务商不仅要负责应用系统（也可以是 ERP 系统）的建立、维护与升级，还要对应用系统进行管理，所有这些服务的实施都是基于网络的，企业通过网络远程获取这些服务。

在这种模式下，集中了信息技术、企业与财务管理等方面的专业人才，构建专业级的应用系统平台，租赁给企业使用；企业将自己的桌面电脑通过网络接入 ASP 的服务器上，通过租用 ASP 的运行平台和应用软件来建立企业自己的信息系统。

严格来说这两种模式只能称为财务管理模式的服务手段，是为了优化前面所选的财务管理模式服务的。

四、财务环境对中小企业财务管理模式选择的影响

财务环境，又称理财环境，指对企业财务管理活动产生影响的企业内外各种因素的总和。按其与企业的关系，分为企业内部财务管理环境和企业外部财务管

理环境。企业内部财务管理环境是指企业内部影响财务管理的各种因素，如管理体制、经营组织形式、生产经营状况、内部管理水平等。企业外部财务管理环境是指企业外部影响财务管理的各种因素，如经济、政策、市场、金融、法律、科学等。

研究财务环境，弄清企业财务管理所处环境的现实状况和发展趋势，把握开展财务活动的有利条件和不利条件，为企业的财务决策提供充分可靠的依据，并提出相应对策，提高财务工作对环境的适应能力和利用能力，对实现企业的理财目标具有非常重要的作用。

（一）外部财务环境及其对财务管理模式选择的影响

1. 经济环境

经济环境是影响企业财务管理的社会经济因素，主要有经济体制、经济周期、通货膨胀、市场竞争、市场季节性等。

经济环境对财务管理模式的影响主要是经济体制的变革对企业财务管理目标、内容等方面产生的巨大影响。随着市场经济体制的建立，企业成为“自主经营、自负盈亏、自我约束、自我发展”的独立的经济组织。为了在市场中求得生存与发展，企业必须面向市场自主筹资，慎重地进行财务决策，强化财务控制，保持合理的资金结构，灵活调度资金。企业财务管理的目标转变为企业价值最大化，从而最终实现资本增值最大化，财务管理的重点也转移到资金筹集、使用和分配方面。

2. 经济政策环境

经济政策环境主要是指国民经济发展规划，如国家的产业政策、财政法规、经济体制的改革方案等。

国家的各项经济政策和法规都是用以促进国民经济发展的，其对财务管理模式的影响主要体现在一些财务目标模式和财务决策方向上，如国家产业政策对一些产业的鼓励或限制，就决定了企业的投资决策目标和方向。

3. 市场环境

市场环境是企业财务管理所面临的来自市场方面的影响因素。其主要包括商

品市场、人才市场、技术市场、产权交易市场、信息市场等。

各种市场要素对企业的作用不同，市场环境的好坏，决定着企业未来收益的高低，决定着企业财务目标能否实现。因而，企业面对不同的市场要采取不同的财务政策，寻找发展机遇，推动自身发展。如面对信息市场，应时刻关注信息的更新，及时获得与企业前途相关的信息，能使企业在激烈的市场竞争中夺得先机。

4. 金融环境

金融环境即金融市场环境，是企业财务管理所面临的来自金融市场方面的影响因素。金融市场按照不同的标准有不同的划分，按照时间标准可分为货币市场和资本市场。货币市场也称短期资金借贷市场，主要是一年期以内的短期资金借贷市场。资本市场又称长期资金融通市场，主要是指长期债券和股票市场。按照范围可分为国际金融市场和国内金融市场，其中前者影响后者。

不同金融市场环境对企业的作用不同，金融市场环境的好坏，决定着企业未来收益的高低，影响企业的财务目标和财务运行方式。因而，企业面临不同的金融市场要采取不同的财务政策，寻找发展机遇，推动自身发展。不过我国金融市场建设时间比较晚，又加上受传统计划管理体制的影响，金融市场发育尚不成熟，还存在许多不足之处，因此我国企业的财务管理模式受金融市场影响不大。

5. 法律环境

法律环境是指企业与外部发生经济关系时所应遵守的各种法律、法规和规章制度。法律环境主要包括企业的组织法规、税务法规和财务法规等。

法律对企业来说是一把双刃剑，一方面它为企业的经营活动规定了限制空间，另一方面也为企业在相应空间内自由经营提供了法律上的保护。每个企业进行各项财务活动时，必须依法处理各种财务关系，并学会用法律来保护自己的合法权益。因此，法律环境主要影响企业的财务关系和财务行为。

6. 科学环境

科学环境是指在一定时期内国家的科学发展水平和普及程度，以及整个社会的生产力发展水平等。科学环境是影响企业财务管理的科学因素，它包括自然科学和社会科学两大类。

现代财务管理越来越朝着数量化的方向发展，这就要求必须具有现代化的数据处理手段。最近几年，电子计算机在我国企业中得到普及和推广，为财务管理提供了先进的技术条件，极大地促进了财务管理方法的改进和创新。

（二）内部财务环境及其对财务管理模式选择的影响

1. 企业管理体制

企业管理体制是指企业对各项工作管理极限的划分，包括由一定制度所确定的纵向分权和横向分工、隶属关系以及各自管理范围的规定等。

在企业内部财务环境中，管理体制因素起着决定作用，它直接决定着企业内部财务环境的优劣，以及企业财务权限的大小和财务领域的宽窄。现代企业制度的建立，从根本上确立了企业市场主体的地位，为企业自主理财提供了客观可能性，企业可以自行筹资，自主投资，并可以制定自己的财务管理制度。

2. 企业经营组织形式

企业经营组织形式是指在既定的产权体制下，企业内部的权责结构和利益关系的组合方式，又称经营方式。企业组织形式按投资组合形式的不同可分为独资企业、合伙企业和公司。

不同的企业组织形式对企业理财有着不同的影响。如果是独资企业，由于其规模小、资金少、人员少等特点，财务管理模式也比较简单。合伙企业的规模、资金和人员都比独资企业有所增加，合伙企业的财务管理模式要比独资企业复杂得多。公司制企业的财务管理模式最复杂，要考虑企业内外部因素，合理确定企业的财务管理理念、财务管理目标、财务关系、财务权责和财务运行机制。

3. 企业生产经营状况

企业生产经营状况是指企业的产品在商品市场上进行生产、销售、服务的发展现状。

企业生产经营状况对财务管理模式的影响主要表现在：经营规模的大小，对

财务管理模式复杂程度的要求有所不相同；企业的采购环境、生产环境和销售环境对财务管理目标的实现有很大影响，好的环境有利于财务管理目标的实现，反之，阻碍目标的实现。

4. 企业管理水平

企业管理水平是由企业经理人员或经理机构对企业的经济活动过程进行计划、组织、指挥、协调、控制，以提高经济效益，实现营利目的的熟练程度。

企业财务管理水平高，则财务管理模式相对规范，财务管理各方面的职能能够得到有效发挥；企业财务管理水平不高，则财务管理模式相对混乱，企业各财务管理目标的实现和财务管理运行机制的实施都会受到限制。

五、中小企业财务管理模式选择的案例分析

本案例以广州沃伦巴菲特投资管理有限公司作为研究对象，分析探讨该企业财务管理的现状和财务管理模式的选择问题。

广州沃伦巴菲特投资管理有限公司成立于2006年底，是由两个股东共同出资创办的有限责任公司，注册资本50万元，目前主要为一些中小企业提供投资咨询和编写投资报告，公司的长远目标是成为一家正规的投资咨询公司。公司立足于新兴行业，力求快速、健康发展。

（一）公司的财务管理现状

公司成立的初始资金来源为两股东的个人资金，两人分别出资50%，其资金主要是个人劳动积累和向亲友的借款。

公司刚刚成立，受规模和资金的限制，两股东必须亲自参与经营管理，财务方面仅聘请了一名兼职财务人员，负责处理日常的财务工作，重大事项则由两股东共同商讨决定。公司的创办人对即将进入的行业特别了解，但对财务管理方面却没有任何经验或知识。由于企业的规模小，建立企业所需要的初始资金主要来源于个人，资金筹集方式十分简单，在决定投资前，投资者只是凭借自己对行业的了解及信心进行投资，并没有进行详细的投资预测。从内部管理来看，公司成

立后没有设立专门的财务管理机构，也没有制定完善的规章制度，对许多事件的处理都由两股东主观决定，财务上也没有详细的规章制度，大大小小的财务问题，完全由两股东决定。公司目前的这种状况代表了很多小企业成立初期的情况。

（二）公司财务管理模式的选择

由以上对广州沃伦巴菲特投资管理有限公司的分析，可以看到该公司对财务管理从理论到实践的不重视，造成财务管理的不规范。但是中小企业要在激烈的市场竞争中长期生存和发展，就必须不断完善企业的财务管理模式。完善的财务管理模式不仅是企业正常运行的保证，同时也是调动职工积极性，提高企业经营效率的重要杠杆。建立规范合理的现代企业财务管理模式应从以下几个方面入手（此处从财务管理模式的各子模式的具体内容进行探讨）。

1. 树立先进的理财理念

公司的财务管理目标应该确立为可持续发展的利润最大化。企业所有者要充分认识到财务管理是企业管理的核心内容，把财务管理作为一种经营管理手段，保证企业可持续发展的利润最大化目标的实现。

2. 建立财务管理机构

公司应界定财务机构的职能，设置财务机构和岗位，实现管理提升的平稳过渡，明确财务人员、各级业务人员和高层管理者之间的权责，提高组织和管理的效率与效果；制定财务基础管理制度，规范财务工作。

3. 加强财务预算功能，规范资金的使用

应充分发挥财务管理预算和控制监督的职能。财务管理人员应努力提高自身素质，积极参与公司战略计划的制订，当然这需要所有者对财务的支持。采用能滚动式预算或全面动态预算制度，为管理者提供详尽的资料，使预算能更多地服务于公司的战略管理。同时要求企业的管理人员应能通过财务信息做出相应的决策。

4. 加强财务方面的分析和控制

（1）建立有效的财务监督体系

保证企业制定的政策能够有效执行，加强对公司债务、资产、投资回收、现金回流和资产增值等方面的财务管理。加强财务控制，提高资金利用水平。企业在利润分配时应优先考虑积累，充实资本，保持良好的资本结构，努力提高资产的运用效率，合理分配资金，如决不能用短期借款来购买固定资产。加强对会计信息的分析，在决策和内部管理上不能靠主观决定，必须踏实地进行企业经营环境和经营目标的分析、企业经营策略的分析、生产要素投入和产出的分析以及企业经济效益的综合分析。

（2）强化外部监督职能

充分发挥会计师事务所、审计师事务所等机构的作用，加强服务和核查，从而提高中小企业的财务管理水平。

5. 完善公司内部的财务管理制度

建立完善的财务管理制度，要学习大企业的经验，结合自己的实际情况，从以下方面入手：报销制度、财产管理制度、应收账款管理制度、成本分析制度。还要建立工资制度、福利制度。财务人员要在企业成本允许的范围内设计出合理的工资、福利制度，以调动企业职工的积极性，留住人才。

综合以上分析，建议公司建立集中型财务管理模式，由财务人员负责各项财务工作，报告员编写报告（股东自己也做），业务员负责公司的业务（或者由股东去做）。结构非常简单，人员很少，因为公司刚刚成立，资金较少，但各方面的支出都比较大，这个时候，让两股东去聘请若干财务人员，并进行非常细致的分工，是很不现实的。

第三章　我国中小企业财务管理现状及对策

第一节　中小企业的界定及经营特点

一、我国中小企业的界定

中小企业在不同的国家有不同的界定，即使在同一国家里，不同历史时期，不同产业部门也有不同的标准。对于中小企业的界定，国际上有定量界定和定性界定两种方法，定量界定设定的标准一般有三个：一是实收资本；二是企业职工人数；三是一定时期（通常为一年）的经营额。定性界定的标准一般有独立所有、自主经营和在同行业中不处于垄断地位几个标准。各国一般根据自己的实际情况采用不同的标准，目前大多数国家都采用定量界定标准，这种标准比较简单且易于统计。但也有少数国家在采用定量界定的同时采用定性界定，这样更有利于国家支持中小企业的发展，正是由于中小企业在竞争中处于弱势地位，政府为了弥补市场缺陷，保护公平竞争，促进效率的提高，制定相应的保护性政策，所以规定了中小企业为在行业中不处于垄断地位的企业。例如，在美国，就在采用定量界定的同时采用定性界定来定义中小企业，规定凡年营业额在一亿美元以下，员工在 500 人以下的企业，独立所有，自主经营，在同行业中不占垄断地位的企业均被视为中小企业，政府对符合这些规定的中小企业提供了一系列的政策支持。

我国中小企业的划分标准一般以独立核算的基层生产单位为对象，随着经济

的发展经历了几次调整，正在不断完善中。我国根据《中华人民共和国中小企业促进法》，制定了《中小企业标准暂行规定》，中小企业标准根据企业职工人数、销售额、资产总额等指标，结合行业特点制定。以下是我国2003年颁布出台的《中小企业标准暂行规定》中有关中小企业划分标准的内容。

表 3–1　中小企业标准暂行规定划分标准

行业名称	指标名称	计算单位	大型	中型	小型
工业企业	从业人员数	人	2 000 及以上	300 ～ 2 000 以下	300 以下
	销售额	万元	30 000 及以上	3 000 ～ 30 000 以下	3 000 以下
	资产总额	万元	40 000 及以上	4 000 ～ 40 000 以下	4 000 以下
建筑业企业	从业人员数	人	3 000 及以上	600 ～ 3 000 以下	600 以下
	销售额	万元	30 000 及以上	3 000 ～ 30 000 以下	3 000 以下
	资产总额	万元	40 000 及以上	4 000 ～ 40 000 以下	4 000 以下
批发业企业	从业人员数	人	200 及以上	100 ～ 200 以下	100 以下
	销售额	万元	30 000 及以上	3 000 ～ 30 000 以下	3 000 以下
零售业企业	从业人员数	人	500 及以上	100 ～ 500 以下	100 以下
	销售额	万元	15 000 及以上	1 000 ～ 15 000 以下	1 000 以下
交通运输业企业	从业人员数	人	3 000 及以上	500 ～ 3 000 以下	500 以下
	销售额	万元	30 000 及以上	3 000 ～ 30 000 以下	3 000 以下
邮政业企业	从业人员数	人	1 000 及以上	400 ～ 1 000 以下	400 以下
	销售额	万元	30 000 及以上	3 000 ～ 30 000 以下	3 000 以下
住宿和餐饮业企业	从业人员数	人	800 及以上	400 ～ 800 以下	400 以下
	销售额	万元	15 000 及以上	3 000 ～ 15 000 以下	3 000 以下

表 3–1 中的工业企业包括采矿业，制造业，电力，燃气及水的生产和供应业三个行业的企业。规定中，职工人数以现行统计制度中的年末从业人员数代替；工业企业的销售额以现行统计制度中的年产品销售收入代替；建筑业企业的销售额以现行统计制度中的年工程结算收入代替；批发和零售业的销售额以现行报表制度中的年销售额代替；交通运输和邮政业、住宿和餐饮业的销售额以现行统计制度中的年营业收入代替；资产总额以现行统计制度中的资产合计代替。大型和中型企业须同时满足所列各项条件的下限指标，否则下划一档。

二、我国中小企业目前的经营特点

中小企业作为一个群体，必然有着不同于大企业的经营特点，主要表现在以下几个方面。

（一）经营管理者和所有者统一

中小企业中，经营者往往就是最大的股东。自己出资，自己经营，这一方面表现为企业决策灵活及时，经营目标明确和强烈的追求利润最大化的优势，经营者目标与股东利益取得一致，这种一致的目标使得企业不需要通过财务管理来对经营者实行监督控制和激励，财务管理可以在保证管理者目标实现的同时实现企业价值的最大化；另一方面表现为公司在经营上缺乏有力的外部监督，资金使用上存在一定的随意性，不利于公司的良性发展。

（二）经营多属于负完全责任的个人经营

企业的经营决策主要依靠领导人自己对市场的直观把握，因此企业的成败完全取决于经营者的个人能力。其特点一方面表现为有权力、善独裁；另一方面则表现出内在的激励机制，较少存在经营者的“代理成本”，经营者具有机动性、成本意识、担当风险的勇气，有强烈的责任感和开拓精神。

（三）初始资本及可利用的资本少

企业经营的初始资本主要来源于个人积累及向亲朋好友借款，主要为内源型融资，资本额少，加上外部融资能力的限制，尤其是银行贷款难，资金短缺成为制约中小企业发展的主要原因，资本增值也在一定程度上受到限制。

（四）具有经营机制方面的灵活性和易变性

中小企业在经营中表现为对市场需求的变动反应及时，可合理调度和配置资金及劳动力资源。例如，在中小企业密集的浙江省就表现为主导产品突出、专业化程度高、管理成本低，在大环境相对萧条时期，能加快调整步伐，适应环境，保持相对稳定的发展。

（五）面临的市场竞争压力较大

中小企业从事的行业多容易进入和被效仿，所以在扩大其产业市场的时候，许多新的竞争对手会参加进来，容易形成过度竞争的局面，而中小企业自身弱小，很难经得起时常波动的冲击。出于这种原因，很多中小企业的经营者为了自身的原因而参加了联合组织，缺乏协调性。因此表现为经营者常常为避免竞争而寻找出路，在质量、性能、设计上搞差别化，避开价格竞争，力求实现不完全竞争。结合自身感受，我们龙之源煤炭公司当时由于当地存在很多煤炭经销商，所以自然面临着很大的竞争压力，于是，经过一番调查和研究，我们决定向上层市场转变，既由简单的买卖销售上升为直接承包企业锅炉的蒸汽生产，从而变煤炭销售为蒸汽销售，形成垄断。

（六）受环境变化刺激或冲击大

与大企业相比，中小企业一般缺乏大企业所拥有的人力资源，资本金小，产品品种少，顾客面窄，常常依赖于某一种产品和技术，因而环境一旦发生变化，对中小企业的冲击和压力就会增大，许多中小企业就是因难以适应新的环境、政策的压力而破产的。

（七）大企业和中小企业财务管理工作特点的区别

大企业的财务部门设置比较大，财务人员多，分工细化，如有专人负责固定资产管理、资金划拨、税务会计、报表会计等，人员职责和工作流程相对规范；而中小企业财务部门人员设置简单，财务人员身兼报税、记账、工资核算等多种工作，财务工作更多地注重记账会计核算，而对财务报表分析等财务管理工作不够重视，工作职责和分工不够明确。

第二节　我国中小企业财务管理中存在的问题

目前，我国中小企业财务管理的现状不容乐观。我国中小企业中有相当一部分一味追求销量和市场份额，忽视了财务管理的核心地位，使企业管理局限在经营型管理格局之中。同时，很多中小企业受规模和人员素质的限制，往往存在会计核算不健全，财务管理缺位的现象；另外，由于受宏观经济环境变化和经济体制影响，在加强财务管理方面也遇到了阻碍，企业财务管理的作用没能得以充分发挥。

一、资金短缺，筹融资能力差

中小企业注册资本较少，资本实力有限，土地、房屋等银行认可的不动产数量较少，同时很多中小企业都处于成长发展时期，这一阶段的资金需要量是企业生产周期中需求量最大的，资金短缺问题成为其发展的瓶颈。据统计，中小企业通过银行贷款渠道获得的资金，占中小企业融资总量的 90% 以上，通过其他渠道获得的资金不足 10%。虽然，目前我国中小企业已初步建立了较为独立、渠道多元化的融资体系，但是，由于种种原因，中小企业通过银行贷款获得资金的渠道并不畅通。企业规模、企业年龄同获得银行贷款的比例如表 3–2 和表 3–3 所示。

表 3–2　企业规模与银行贷款

企业规模	小于 51 人	51 ～ 100 人	101 ～ 500 人	大于 500 人
拒绝次数比例 / %	78.92	57.87	44.18	24.34
银行贷款比例 / %	5.4	20.6	22.6	47.1

表 3–3　企业年龄与银行贷款

企业创建时间	小于 2 年	2 ～ 4 年	4 ～ 5 年	5 ～ 8 年	大于 8 年
拒绝次数比利 / %	72.44	49.07	46.97	45.79	34.98
银行贷款比例 / %	1.2	5.2	17.6	25.3	36.1

可见，融资难、担保难仍然是制约中小企业发展的最突出的问题之一，中小企业的筹融资能力差，其主要原因如下。

①国家没有专设中小企业管理扶持机构，国家的优惠政策未向中小企业倾斜，使之长期处于不利地位。

②资产结构不合理。中小企业经营效益差，负债率较高，偿还能力低，而目前银行贷款的基本条件之一就是负债率需在 60% 以下。例如，2004 年国家统计网数据显示，天津市中小工业企业负债总额达 1 827.24 亿元，资产负债率达 58.1%。在中小型企业中有 1 223 个企业资产负债率高达 80% 以上，甚至相当一部分企业已处于资不抵债的境地。在市场激烈的竞争下，中小型企业由于债务负担沉重，资产增值较慢，经营风险进一步加大。

③由于中小企业的财务信息透明度较低，担保主体又无法确切落实，难以与银行进行良好的合作和沟通，即银企双方的信息不对称。

④旧贷未清。企业到期贷款不还或无法偿还导致银行拒绝贷款也是当前贷款难的一个主要原因。

⑤信用不良。信用不良是当前企业难以取得贷款的又一个重要原因，中小企业不能在规定的还款日期前偿还甚至逃废银行债务严重，导致中小企业群体信用的不良和短缺，而企业信用的严重缺失，自然难以争取到银行贷款。

⑥抵押担保不足。抵押担保是目前最主要的贷款方式，为减少银行的不良资产，防范金融风险，1998 年以来各商业银行普遍推行了抵押、担保制度，只有极少数 3A 以上的黄金客户能在授信度内享受 30% 左右的信用贷款。中小企业贷款难，主要表现为抵押难和担保难。企业原来大多是依赖银行的信贷资金起步发展的，原有的有效资产已向银行抵押完毕，新建企业不动产规模大多较小，也难以提供足值抵押，加上目前抵押贷款的抵押率较低，抵押不足的矛盾更为突出，抵押物只得放弃。难以找到合适的担保人，效益好的企业不愿替别人作保，效益一般或太差的企业，银行又不认同担保资格。因此，中小企业资金短缺是制约其发展的主要瓶颈。

二、资产疏于管理，财务控制薄弱

（一）对现金管理不到位，导致现金闲置或不足

许多中小企业不编制现金收支计划，他们对现金的管理很大程度上是随意性的，一旦市场发生变化，经济环境发生改变，就很难使现金快速周转。有些企业的资金使用缺少计划安排，过量购置不动产，无法应付经营急需的资金，陷入财务困境。有些中小企业认为现金越多越好，造成现金闲置，未参加生产周转，造成浪费。

例如，企业认为自己经济效益好，明天可能收到的钱就认为已经是今天的钱了，于是，花钱大手大脚，过量购置设备，不考虑经营风险，结果一旦遇到经济效益突然下跌就会出现资金短缺，陷入财务困境。

（二）应收账款周转缓慢

随着经济的发展，信用销售越来越普遍，在市场激烈竞争情况下，中小企业为抵御大企业的压力，会采取更多的商业信用促销。但由于应收账款管理水平不高，无严格的信用标准、信用条件和收账政策，更无相应的责任部门来组织落实，造成大量应收账款沉淀，使企业资金周转不灵，并隐含着较大的坏账风险。有的中小企业，为了急于推销自家产品，盲目赊销，受骗上当，货款无法收回，给企业造成损失。

例如，中小企业的客户中有很多信誉好的客户，企业经理认为应收账款百分之百的可以收回，因此对追款问题不急，很少上门催收，有时甚至拖沓一年以上，显然这样做的弊处是既在一定程度上增大了坏账风险又造成大量资金闲置和利息损失。从客户角度讲，客户感觉企业不急于追讨债款，可能是企业资金雄厚，于是养成了欠款的习惯，于是就越欠越多，造成恶性循环，遇到企业急需资金时，客户也不可能一下子结清欠款，导致企业资金断链甚至停产。可见，应收账款的周转缓慢会给企业带来很大的财务风险。

（三）存货控制薄弱

许多中小企业对存货缺乏有效管理，无存货计划、无存货定期监督和检查制

度，对日常存货的控制不到位，致使存货周转失灵，造成资金呆滞。

（四）成本费用管理水平低

中小企业内部缺乏科学有效的成本费用控制体系，相当一部分企业在成本费用控制上仍处于事后算账的阶段，定额标准、信息反馈、责任制度等都不健全，事前和事中控制能力较低。因此，许多中小企业成本费用管理中存在核算不实、控制不严、控制体系不健全等问题。

三、管理理念落后，先进的财务管理技术和方法往往得不到应用

中小企业的财务管理基础普遍较弱，很多中小企业没有专职财务管理人员，财务管理职能由会计或其他部门兼管或由企业主管人员一手包办。目前，社会上应用的财务管理方法灵活、先进、多样。例如，量化的财务管理方法，包括定量预测、滚动预算、风险决策及不确定性决策等。还有基于 Internet / Ntranet / Extranet 和电子商务为背景的网络财务等，但以上先进的财务管理技术和方法在中小企业往往得不到应用，原因主要如下。

①中小企业很难吸引所需人才，财务管理人才缺乏。

②中小企业典型的管理模式是所有权与经营权的高度统一，企业的投资者同时就是经营者，这种模式势必给企业的财务管理带来负面影响，中小企业中相当一部分属于个体、私营性质，在这些企业中，企业领导者集权现象严重，并且对于财务管理的理论方法缺乏应有的认识和研究，致使其职责不分，越权行事，造成财务管理混乱、财务监控不严、会计信息失真等。企业没有或无法建立内部审计部门，即使有，也很难保证内部审计的独立性。

③中小企业规模较小，资金紧张，根据成本效益原则，中小企业更愿意选择传统管理方法，而舍弃先进的财务管理技术和方法。

④有些企业管理者基于其自身的原因，没有将财务管理纳入企业管理的有效机制中，缺乏现代财务管理观念，使财务管理失去了其在企业管理中应有的地位和作用。因此，中小企业财务管理人员素质偏低、水平不高，会计信息在中小企业经营决策中难以充分发挥作用。

例如，山东潍坊后官富民纺织印染有限公司是一家乡镇企业，年营业收入过亿元，2005年被潍坊市授予成长型中小企业称号，但是其财务部门的会计人员还停留在手工记账的传统模式，这样财务人员必然要耗费大量的时间和精力来登记手工账，而且容易出现数据差错，不便于发现和修改，影响了工作效率。同时，手工账也为某些人员进行篡改凭证留有一定的可乘之机，存在一些安全漏洞。

四、会计人员素质不高，财务管理职能缺失

大多数中小企业用人特点往往是超负荷劳动，对会计人员重使用轻培养，会计人员满负荷地工作只能使其被动地处理日常事务，却很难有时间和精力主动钻研深层次的管理问题，对介入财务管理心有余而力不足，不能正确处理财务管理与会计核算的关系。在核算事务中，导致出现重核算轻管理，重视资金运作和会计结构，轻视会计资料的加工处理和经济活动分析，淡化了财务管理自身在企业管理的核心地位和参谋决策作用。

高素质财务管理人员缺少，是影响中小企业财务核心作用难以很好发挥的主要问题。企业普遍注重对科研技术人员的培养，而对管理人员的素质提高重视不够，财务管理职能未能得以充分发挥。

例如，很多企业的财务报表仅仅是机械式的填报，只关注利润，而对于报表内容和指标之间的关系很少有专门人员进行分析，这就是明显的财务管理职能缺失。这种问题在笔者公司也是存在的，以后应改善和加强此方面工作。

五、相关制度的缺失或执行力度不够

中小企业一般很少设立完善的、切合实际的规章制度，包括财务岗位职责管理制度、奖励与处罚制度、财务人员定期培训与考核制度。企业领导的法制观念虽然很强，但由于种种原因，忽视财务制度、财经纪律的严肃性和强制性，往往建账不规范或不依法建账，会计核算存在违规操作的现象。即使企业有了规章制度，但由于财务人员不愿得罪同事而不予履行，管理者主观意志在管理上也有很大的随意性，对一些问题浮于表面而不去深追究，对一些问题睁一眼闭一眼，而且，很多中小企业家族式管理现象严重，致使制度执行力度不够，形同虚设。

第三节　解决中小企业财务管理问题的对策

由于我国中小企业在财务管理方面存在的问题是由宏观经济环境和企业自身双重因素造成的，因此为了更好地解决问题，必须多措并举，一方面要充分发挥政府宏观调控作用，努力改善外部环境；另一方面企业本身要重视市场的研究，完善企业内部财务管理运行机制，采取科学的管理方法，努力提高企业的综合素质。

一、建立良好的外部环境，完善我国中小企业融资体系

十六大提出“十一五”期间实施中小企业成长工程，2006 年国务院把实施中小企业成长工程列为一项重要工作。2006 年 4 月，中小企业司司长王远枝座客中国中小企业信息网就解决中小企业融资难问题时谈到以下几点。一是加大公共财政支持力度，帮助中小企业解决贷款、贴息的问题。二是创新中小企业金融服务。三是构建多层次的中小企业信用担保体系。四是积极推进中小企业的信用制度建设。可见，这对于中小企业来说是一个十分可喜的消息。

（一）构建我国中小企业融资体系的基本框架

一般地，中小企业的发展大约经历四个阶段：初创期、成长期、成熟期、过渡期（或稳定期）。不同发展阶段的中小企业对融资有不同的要求。在此，从中小企业的纵向发展阶段出发，构建出适合我国国情的中小企业融资体系的基本框架。

由于初创期中小企业信息极不透明，因而很难得到外源融资。在这一阶段，企业的大部分资产都是无形的，因而，它将主要依赖股东提供的股权融资和内源融资。在初创期，有的企业还会制定一份正式的商业计划书，以便获得天使融资。有时，企业要进行一轮或多轮以上的天使融资后，私人权益资本投资者才会进入。通常，企业在成长的早期阶段只有在产品成功经受住市场考验之后，才可能得到私人投资家的投资，用以扩大生产规模，提高市场占有率。在这一过程中，随着

中小企业的有形资产（包括应收账款、存货及设备）占其总资产的比例达到一定程度后，即企业可用来抵押的资产比例变大之后，银行才愿意对它提供贷款。随着企业的成长、壮大，外源融资不断涌入，当企业资产负债表上的债务额超过了股东权益后，道德风险便会出现。高成长、高风险的中小企业在获得一定数额的外源债务融资之前，往往要有外源性的股权融资，如天使资金和私人股权投资，这恰恰说明了它们的道德风险极其严重。而外源性的股权融资对于解决道德风险问题显得尤为重要。但这并不是说，这类中小企业偏向于选择外源性的股权融资，为了避免丧失控股权，它们可能选择外源性的债务融资；或者为了分散风险，而选择外源性的股权融资。这一点在现实中便是高增长、高风险的企业多选用股权融资，而收入稳定的中小企业多利用债权融资。

随着企业逐渐进入成熟期和过渡期，股东及主要债权人提供的资金逐渐增大。大股东提供的资金主要体现在两方面：一是企业扩大生产规模而向大股东进行的再融资；二是将税后利润中应得股利留在企业中用于扩大生产规模。主要债权人增加资金供给，是因为随着与企业关系的日渐稳固，企业有形资产所占比重不断提高，信息不透明问题也大大得到改善。与此同时，初创期大股东的亲朋好友以股权形式提供的种子资金要么被赎回，要么被偿还。随着企业的不断壮大，并最终上市，天使投资者和私人投资者出售手中股份，取得预期回报，大股东的构成也发生了变化。

关键在于企业成长期，产品是由实验向现实商品转化的关键期，良好的产品市场预期预示了企业将来的利润高成长，但是这一阶段，企业仅依靠内源融资和原始股东股权融资是不能满足开发销售渠道、树立产品品牌的资金需要的，必须有其他形式资金介入企业发展。企业在这个阶段主要融资来源是商业信用融资、金融机构贷款、权益资本投资。

（二）加大政府支持力度

中小企业在完全自由的市场经济条件下，很难进行股权融资和债权融资。面对市场供给和中小企业的需求的缺口，正是需要政府进行宏观调控来使供求平衡，

达到经济的均衡。我国改革的特点就是供给主导型，当现实中发生了与市场精神相悖以致阻碍了社会经济发展的情况，政府适时出面颁布具有突破性的法律，推进市场经济改革。同样，我国拓宽中小企业融资渠道的金融改革，必须在政府的指导下才能坚持正确的方向，取得成功。要想彻底解决中小企业融资难的问题，必须依靠切实有效的政府支持和一定比例的政府投入。政府出台指导性意见，通过法律和政策扶持中小企业融资。

1. 完善中小企业融资的法律、法规支持

世界上许多国家和地区都注重从法律法规层面上加强对中小企业的保护和扶持。我国的中小企业所有制构成比较复杂，而我国的企业立法和有关政策又主要是按照所有制性质来制定的，这就使得不同所有制性质的中小企业处在不同竞争起跑线上，不利于中小企业的更快的发展。因此，参照西方发达国家的立法体系，政府应制定出适合我国国情的中小企业保护法规。目前我国已经制定了一些关于中小企业的法规，如《中华人民共和国乡镇企业法》《中华人民共和国私营企业暂行条例》等。但在中小企业立法保护上，这些立法仅仅侧重于对企业的经营管理，而对中小企业作为弱者地位保护力度明显不够。因此，当前迫切需要人民代表大会及其常委会制定具体的中小企业保护法，从而明确中小企业在国民经济中的地位，明确政府对中小企业的基本保护政策和扶持政策，保证中小企业的健康发展。

在法律法规内容上，2003 年实施的《中华人民共和国中小企业促进法》在资金支持、税收优惠、信用担保服务、技术创新、市场开拓及服务体系等方面做出了重要规定。此外，可考虑制定具有根本指导性质的中小企业基本法，从中小企业发展目标与宗旨、组织形态、产权关系、权利与义务、创立与退出等方面对中小企业做出总体性规定。

2. 政府主导建设良好的社会信用环境

党的十六大报告明确提出，弘扬和培育中华民族的传统美德。诚信也是我国人民代代相传的美德，在进行经济建设的今天仍然有其深远的意义。政府倡导和培育民间诚信系统，加强对中小企业诚信意识的培育，同时加强对中小企业的事后诚信监管，如果发现有中小企业失信，国家要采取法律手段严惩，达到净化社会诚信环境的目的，为中小企业的融资创造更为宽松的环境。

3. 政府提供公共服务，建立信用评价体系，鼓励社会信用评价机构的发展

由于历史原因，中小企业尤其是非国有的中小企业和商业银行很少有业务往来，银行无法为其设立信用档案。因此，政府应鼓励发展社会信用评级体系，为中小企业建立信用档案，积极协助银行的放贷工作。人民银行要监督商业银行制定科学的、切合中小企业实际的信用评级制度，客观评定中小企业的信用等级，科学合理地反映中小企业的资信状况和偿债能力，为贷款发放提供便于操作的可靠依据。建立并完善适合中小企业特点的授信制度，合理制定中小企业授信额度。

4. 国家要鼓励、支持商业银行和政策性银行等面向中小企业提供贷款支持

国家鼓励商业银行特别是国有商业银行在注意信贷安全的前提下，建立向中小企业发放贷款的激励和约束机制，在保证贷款质量的同时，切实提高对中小企业的贷款比例。鼓励政策性银行在现有业务范围内，支持符合国家产业政策、有市场前景、技术含量高、经济效益好的中小企业的发展。中央银行继续扩大中小企业贷款利率的浮动幅度。银行要根据中小企业的经营特点，及时完善授信制度，合理确定县级行贷款审批权限，减少贷款审批环节，提高工作效率。积极研究开发适应中小企业发展的信贷服务项目，进一步改善银行对中小企业的结算、财务咨询、投资管理等金融服务。总之，解决中小企业融资问题最终离不开政府的支持，突破现有思想意识形态和法律法规的限制，支持金融市场改革。

（三）大力发展天使投资

天使投资是指具有一定资本金的个人或家庭，对于所选择的具有巨大发展潜力的初创企业进行的早期的、直接的权益资本投资的一种民间投资方式。天使投资是风险投资的一种形式。风险投资在投入资金的同时更多地投入管理，一般投

资的金额比较大，而且是随着风险企业的发展逐步投入。风险投资对风险企业的审查非常严格。相反，天使投资的金额一般较小，而且是一次性投入，投资方不参与管理，对风险企业的审查也并不严格。天使投资更多的是基于投资人的主观判断或者是由个人的好恶所决定的。风险投资是大手笔，它通常由几家机构共同投资。而天使投资则是由一个人投资，并且是见好就收。风险投资是正规化、专业化、系统化的大商业行为。天使投资是个体或者小型的商业行为。投资专家有个比喻，好比对一个学生投资，风险投资公司着眼“大学生”，机构投资商（又叫合伙人投资）青睐“中学生”，而天使投资者则培育萌芽阶段的“小学生”。

在美国有十分发达的风险投资市场，但绝大部分投资于种子期的资金，并非来自美国的风险投资市场，而是来自被称为“创业天使”的天使投资者。美国的天使投资已经有很长的历史，当今很多商业巨头，如贝尔电话公司、福特汽车等都曾从天使投资那里获得启动的资金。1874 年贝尔作为天使投资者投资并创建了贝尔科技，造就了如今庞大的电信帝国；1903 年，5 个天使投资者给亨利·福特投资了 40 000 美元，后来便造就了一个庞大的汽车王国；如今的很多商业神话中，天使投资的成功案例屡见不鲜，苹果电脑、亚马逊网络这些国际知名公司最初的启动资金都来自天使投资者。在美国和欧洲，天使投资者一般以团体的形式集合在一起。

中国天使投资是随着互联网企业和高科技企业的兴起而发展起来的。目前中国天使投资的规模还很小，还很不成熟，而且绝大部分以个体形式出现，极少有民间的天使投资机构。与美国的天使投资相比，中国的天使投资还需要逐步建立相应的机制。笔者认为可以从以下几个方面加强这方面的建设。第一，加强天使投资的教育和宣传。很多的民营企业家或者私企业主有钱，但缺乏投资高科技的意识，他们不愿意投资于“高风险、高收益”的行业。专业机构，如投资机构或者投资公司，可举办这方面的培训或者研讨会。第二，建立天使投资人团体，如投资人俱乐部或者天使投资俱乐部等。如果民间资本能够以集体的形式出现，则易于建立相对稳定的管理机制和投资机制，有益于整个天使投资行业的成长。第三，建立投资人团体和信息网络，充分发挥校友资源。亲戚和朋友是很好的天使投资人选，但如果他们没有钱，则只好找其他具有相同特征的群体了。由于校友之间有很多相同特征而且都接受过良好的高等教育，因此也很容易建立彼此之间的信任关系。以清华大学为例，一方面，清华大学每年都有很多校友出国留学，这些人将来在国内外发展一般都会有很好的薪水待遇，相对比较富裕，如果有很好的投资机会，他们也会参与投资；另一方面，清华校友中有很多的企业家，他们一般都有较好的知识结构和投资能力。第四，建立各种方式投资退出机制。天使投资的成败取决于天使投资者能否成功地退出投资。因此这些投资者的退出渠道成为问题，这也是阻碍中国天使投资业的一个关键的问题。目前风险企业可争取进入国际资本市场，弥补中国风险投资退出渠道不畅通的缺陷；也可采用被兼并、收购的方式，实现天使投资的退出，当然这有赖于风险投资业的健康发展。

理论和实践都已经证明天使投资在解决中小企业融资问题上具有独特的优势，是一种真正完全属于中小企业自己的融资方式。我国应该鼓励和支持天使投资的发展，天使投资也应该成为我国完善的融资体系中的重要一环。首先，天使投资拓展了中小企业的融资渠道。其次，天使投资为初创企业的生存打下了坚实的基础。许多曾经微不足道的小企业在天使投资者的支持下，发展成举世瞩目的跨国公司。再次，天使投资为初创企业迅速启动与发展赢得了空间和时间。把资金投给创业者，让创业者迅速启动其创业计划，在竞争激烈的市场上，为企业的产品赢得成长的空间和时间。最后，天使投资者为初创企业提供成功的经验和有益的指导。有许多天使投资者本身就是成功的商业人士，尽管他们投资的行为是为了取得投资回报，但同时他们也愿把自己的创业经验和现有渠道拿来与创业者分享，为创业者在企业运作上提出好的建议与指导，给予创业者以更大的发展空间，并在这个过程中赢得创业者的信任与尊重。

（四）设立专门为中小企业融资服务的金融机构

目前我国可以推广各类中小金融机构，包括中小银行。与大型的商业银行的经营取向不同，中小金融机构比较倾向于向中小企业提供融资服务。原因除了其资金实力的限制外，更主要的是因为中小金融机构在为中小企业提供金融服务时

拥有信息优势。关于这种信息优势，有两种假说。一种是“长期互动”假说，这种假说认为，中小金融机构一般是地方性的金融机构，专门为地方中小企业服务。通过长期的合作关系，中小金融机构对地方中小企业的了解程度逐渐加深，有助于解决金融机构与中小企业之间的信息不对称问题。另一种是“共同监督”假说，这种假说适合于合作型中小金融机构，倾向于中小金融机构即使不能了解中小企业的经营状况，但是为了大家的共同的利益，合作组织中的中小企业之间会实施自我监督，而这种监督要比金融机构的外部监督更为有效。

国外大多数国家都设有专门为中小企业服务的金融机构，如日本有几家专门面向中小企业的金融机构——中小企业金融公库、国民金融公库、工商组合中央公库、中小企业信用保险公库和中小企业投资扶持株式会社。这些金融机构以较有利的条件向中小企业直接贷款，或者建立使其他金融机构放心给中小企业贷款的信用保证制度，或者认购中小企业为充实自有资本而发行的股票和公司债券等。

根据中小企业的特点，建立专门的金融机构，是许多市场经济国家所普遍采用的一种金融支持手段。

国外的经验和理论都表明，为了解决中小企业融资贷款难的问题，应该加强政策引导，根据中小企业的特点，建立专门的金融机构，或在金融机构中设立专门的融资服务部门为中小企业提供融资服务。

1. 国家应鼓励地方性商业银行以中小企业为服务重点

地方性商业银行是伴随着中小企业发展而发展的，它们之间有着天然的联系。另外，地方性商业银行由于受经营规模和结算条件的限制，也难以为大型企业融资。因此，地方性商业银行应主动将服务重点放在中小企业上，它们有很强的向中小企业贷款的倾向，二者相互促进、相互发展。因此，可以引导地方性商业银行为中小企业的发展提供融资信贷支持。地方性的中小银行与中小企业有着更和谐的联系，其为中小企业提供融资服务具有天然优势。地方政府应该对地方性商业银行加以引导，使之成为中小企业的主导服务机构。

2. 国家应尽快建立支持中小企业发展的政策性银行

目前许多国家都建立了支持中小企业发展的政策性银行，如日本的中小企业公库、泰国的中小企业金融局、韩国的中小企业银行等。要加快我国中小企业发展，有必要借鉴国外成功经验，组建相应的政策性银行。其资金来源可以是政府提供的财政资金或出卖一部分中小企业的变动资金；其经营不以营利为目标，而应以专门配合、贯彻与实施政府提供中小企业政策意图为己任。对符合政策要求、有发展前景的产品和企业给予融资支持，并提供信用保证等服务。

中小金融机构是为中小企业提供融资服务的主渠道，发展适合中小企业的金融机构，加快非公有制金融机构的发展，可削弱国有商业银行的垄断地位，有利于银行间的公平竞争。而对现有的非国有金融机构存在的违规经营等方面的问题，应当加紧规范，加强监督，促进其发展，而不是简单地取缔、关闭或兼并。目前应结合金融体制的改革，加快对现有非公有制金融机构的改造，使其能够为中小企业的发展提供融资服务。同时，允许民间企业进入金融部门，创建民间银行。这些专门为中小企业服务的银行可以与中小企业建立紧密的长期的信任关系，除提供贷款外，它们还可以在市场信息、企业管理等多方面为中小企业提供服务，银行与中小企业关系密切了，信任关系建立了，贷款也就容易了。

（五）发展多层次的资本市场

1. 多层次资本市场概述

中小企业融资问题可以说在各个国家都是一个难题，只是程度有别而已。不少中小企业是初创企业，规模小、资金少，没有信用历史，也来不及建立良好的信誉，所以不可能通过间接融资渠道从商业银行借到钱，除非有政府或者有关社会合作机构提供担保。也就是说，传统的间接融资体系是不适应其发展的。这样，中小企业就更可能着眼于直接融资。但是就直接融资来讲，也不是任何一个国家的直接融资体系都能完全满足中小企业的资金需求——典型的发展中国家，如中国及众多的亚洲国家，直接融资的选择是由中小企业融资体系的连续性特点所决定的。

我们知道任何一家企业的发展都要经历四个不同的阶段：初创阶段、幼稚阶段、产业化阶段和市场化阶段。这个发展过程是一个投资风险度逐渐降低、成长

速度逐步稳定和收益预期逐步下降的过程。由于早期阶段有着更高的技术风险和市场风险，所以这个时候企业可以争取到的投资是有限的，如在初创阶段，企业的资金一般都是来源于企业创立者及其亲朋好友的投入；在初创后期，企业需要实现自身的初步发展，这就提出了新的资金需求，并且此时的资金需要量已经不是靠少数个人投资可以满足的，在初创阶段的中后期就必须有外部资金的注入了，依靠这一笔外部融资，企业可以发展到幼稚阶段的前期；从幼稚阶段的中后期到产业化前期，再从产业化的中后期发展到市场化阶段，资金需求量分阶段地跳跃增加，企业本身也逐步发展壮大和成熟。

要较充分地实现中小企业全面的资金需求，就应当根据企业的不同发展阶段建立多层次的资本市场，从而形成适合中小企业融资的多元化的资本市场体系。

2. 完善二板市场是发展多层次资本市场的重心

步入产业化是企业成长过程中最具有跨越式发展的一步，进入二板市场是一次质的飞跃，为将来成功步入主板市场打下良好的基础。因此，应大力完善二板市场，鼓励中小企业利用二板市场融资。

根据2004年5月17日发布的《深圳证券交易所设立中小企业板块实施方案》中“两个不变”和“四个独立”的原则。“两个不变”即中小企业板块运行所遵循的法律、法规和部门规章，与主板市场相同；中小企业板块的上市公司符合主板市场的发行上市条件和信息披露要求。“四个独立”即中小企业板块是主板市场的组成部分，同时实行运行独立、监察独立、代码独立、指数独立。

目前中小企业板在发行和上市条件上与主板市场相同，根据《公司法》《股票发行与交易管理暂行条例》等有关规定，企业公开发行股票需要具备以下条件。

①前一次发行的新股已募足，并间隔1年以上。

②设立股份有限公司已满3年，最近3年连续盈利，并可向股东支付股利。

③公司近3年内无重大违法行为，财务会计文件无虚假记载。

④公司预期利润率达到同期银行存款利润率。

⑤发行的普通股限于一种，同股同权。

⑥发起人认购的股本数额不少于公司拟发行股本总额的35%；发起人认购的

部分不少于人民币 3 000 万元，但国家另有规定的除外。

⑦向社会公众发行的股份达到股本总额的 25% 以上（总股本超过 4 亿元的，向公众发行的股份达到股本总额的 15%）。

⑧公司的生产经营符合国家产业政策。

⑨发行前 1 年末，净资产占总资产中的比例不低于 30%，无形资产（不含土地使用权）占净资产的比例不得超过 20%，但是中国证券监督管理委员会（简称“证监会”）另有规定的除外。

企业公开发行股票除了满足上述条件外，还需满足证监会规定的合规性要求，如2003年9月证监会公布的《关于进一步规范股票首次发行上市有关工作的通知》（证监发行字〔2003〕116 号）。

股票上市是指已经发行的股票经证券交易所批准后在交易所公开挂牌交易。根据《公司法》的规定，股份公司申请其公开发行的股票上市必须具备下列条件。

①股票经国务院证券管理部门批准已向社会公开发行。

②公司股本总额不少于人民币 5 000 万元。

③开业时间在 3 年以上，最近 3 年连续盈利。

④持有股票面值达人民币 1 000 元以上的股东人数不少于 1 000 人，向社会公开发行的股份达公司股份总数的 25% 以上；公司股本总额超过人民币 4 亿元的，其向社会公开发行股份的比例为 15% 以上。

⑤公司在最近 3 年内无重大违法行为，财务会计报告无虚假记载。

⑥国务院规定的其他条件。

中小企业板主要是在交易和监察制度上做出有别于主板市场的特别安排，体现了交易所层面市场透明度的提高，同时在上市后上市公司的监管制度方面实行了比主板市场更为严格、更多内容的信息披露制度。这些可以具体参见深圳证券交易所公布的《中小企业板块交易特别规定》《中小企业板块上市公司特别规定》和《中小企业板块证券上市协议》，可以认为，增加上市公司上市持续义务目的是使投资者的利益得到更多保护。

我国深圳证券交易所中小企业板能否成为创业板，是需要一个过程的。据介

绍，监管层对中小企业板发展到创业板已有一个“三步走战略”，现已实现第一步，需要抓紧实现第二步。“三步走战略”的主要内容是：第一，先不降低条件，选择高科技为主的企业在深圳上市；第二，逐步降低门槛，扩大企业的进入；第三，条件成熟的时候，成立一个独立的二板市场。此战略实现后，就会逐步形成与纳斯达克类似的由一、二、三板组成的一个多层次资本市场。

各个国家与地区的法律都对公司股票在主板市场上市规定了严格的条件，在上市程序方面也有严格的规定，这些条件与规定对那些新开办的企业或中小企业来说，无疑是一道难以跨越的门槛。而二板市场对上市公司的要求要比主板市场低得多。二板市场的意义就在于为那些急于得到资金而又无法达到主板市场要求的企业提供融资机会，是新兴中小企业理想的融资场所，吉林东北虎药业于2002年在香港创业板股票上市融资成功，开创了国内中小民营企业在香港资本市场上市融资的先河。

中小企业及高科技企业在二板市场上市前和上市后应处理好以下几方面的问题。①解决好产权问题。随着法律体系的逐步完善，中小企业领导人更迭或创业者核心体发生意见分歧甚至分裂时，将对企业的发展产生影响，因此，产权明晰化改组是企业在二板市场上市的首要任务和前提。②解决好内部管理监督机制。中小企业在二板市场上市需要严格的内部管理制度，以保证企业奉行正当的业务程序，提高恪守上市责任的能力。如委任合格的会计师监察其财务状况，委任两名独立董事以及设立审核委员会等。③加强中小企业管理者的法制意识。中小企业管理者通过提高法制意识，提高与境外投资银行合作的能力，选择合适的保荐人，逐步与国际市场接轨。④关注经营目标。二板市场看重企业的成长性和活跃性，中小企业应根据二板市场的要求设定和调控自己的经营指标。⑤注意信息披露要求。二板市场对上市公司的信息披露要求很高，在某些方面要严于主板市场。如在香港创业板市场有“活跃业务记录陈述”和“业务目标陈述”的要求并有持续申报的规定。

（六）建立和完善我国中小企业信用担保体系

建立中小企业信用担保体系是世界各国扶持中小企业发展的通行做法，是政府综合运用市场经济手段和宏观经济调控措施的成功典范，是变行政干预为政策引导的有效方式，是重塑银企关系、强化信用观念、化解金融风险和改善中小企业融资环境等的重要手段。

中小企业信用担保是一种信誉证明和资产责任结合在一起的金融中介行为，可以排除中小企业向金融机构融资时担保品不足的障碍，补充中小企业信用的不足，分散金融机构对中小企业融资的风险，促进融资交易的发生，进而优化金融机构。

目前中小企业信用担保机构模式从其提供担保服务范围的界定看，主要有三种。一种是封闭型的贷款担保组织，实行会员制，不以营利为目的，多数以社团形式在民政部门登记注册，担保机构只对会员企业服务，一般会员大会是担保机构的最高权力机关，对会员企业基本都在注册资金、年销售额、产品市场、信誉度等方面做了入会规定，并要求会员企业必须交纳一定的会费。这种模式在我国占绝大多数，如安徽省的铜陵市、浙江省的岱山县、福建省的南平市等都属于这种模式。一种是开放型的贷款担保组织，所有符合规定的中小企业，只要提出申请，经担保机构审定，交纳一定的担保费均可获得担保服务，如江苏省的镇江市、扬州市等。还有一种介于上述两种模式之间的担保组织，是经人民政府批准的事业法人，实行企业化管理，不以营利为目的。它们也实行会员制，一般要求会员企业入会期限不得低于 2 年，但担保对象并不只限于会员企业，符合规定的各类所有制企业均可申请担保，只是会员与非会员在申请担保时，同等条件下会员优先，如山东省济南市中小企业信保中心。

不同的机构模式及同种模式不同类型的担保机构在组建和运行过程中操作不尽一致，但总的来看，大致有以下几个共同特点：担保资金来源多元化；担保额都按一定倍数扩大，大多按 5 ～ 6 倍的比例放大；业务品种定位于流动资金贷款、技术改造贷款、技术创新贷款等贷款的担保；要求企业提供反担保财产；建立相应的风险补偿准备金。

根据笔者调查，我国一些大型企业中设立的财务公司，如 TCL 公司、海尔集团等，可以为中小企业担保，充当信用担保机构的角色。为了更直观叙述笔者

观点，现以海尔财务公司为例来构建信用担保模型。首先，海尔财务公司成立信用担保部，安排高素质人员专门负责调查核实中小企业的相关信用事宜和项目风险。其次，如果财务公司确认可以担保，则双方应达成合作协议或长期合作事宜，包括财务方面和战略方面内容，并且海尔财务公司从中获取一定数量的盈利，盈利多少或盈利方式可以根据合作双方协商确定。然后，财务公司即可为中小企业提供信用担保。最后，随着双方合作次数的增加，彼此都比较了解，信息就相对比较对称，这样海尔财务公司对被担保企业的信用和发展潜力等掌握了第一手资料，为银行也解决了一些信息不对称问题，中小企业贷款就相对比较容易了。另外，由于海尔财务公司和被担保企业的长时间合作，彼此就会十分了解，从公司战略角度考虑，海尔财务公司本身也可以向被担保企业注入资金，共同经营有发展前景的中小企业，这样既解决了中小企业信用担保不足问题，取得了担保资金，又扩大了财务公司的经营利润，实现共赢。因此，笔者认为此种模式值得研究和推广。

目前从信用担保机构的运行情况看，除少数几家呈现较明显效果外，多数担保组织作用并不理想，为了保证信用担保机构的有效运作，实现担保机构的可持续发展，我国信用担保机构在今后的运作中应注意以下几方面。

1. 信用担保机构应有稳定的资金来源

由于信用担保资金的担保总额一般要限制在自有资金的一定倍数以内，且在通常情况下仅靠担保收费连担保损失都无法弥补，因此随着信用保证业务量的逐渐增加，其资金的注入也应同步增加。根据《关于建立中小企业信用担保体系试点的指导意见》，我国各信用担保机构的主要资金来源是中央和地方各级财政预算编列的资金，并应逐年增加，这将最大程度地保证信用担保机构有充足和稳定增长的担保资金。

2. 明确中小信用担保机构的担保对象

担保机构不可能对所有中小企业提供担保服务，贷款担保对象必须有所选择。经营效益好、担保品充足的企业，银行会主动解决它们的资金困难问题，根本不需要中小企业信用担保机构的担保。而那些效益差、产品无市场、没有发展潜力的企业不是银行贷款对象，也不是中小企业信用担保机构的担保对象。笔者认为担保对象应该是那些目前资金困难但有一定发展前景，然而其担保条件达不到银行要求处于中间状态的企业，这种企业通过扶持就能走出困境、渡过难关。

3. 有效控制担保风险

中小企业信用担保机构在中小企业向银行申请贷款时，给符合担保条件的中小企业提供担保，贷款到期，若贷款企业不能按时足额偿还本息，则担保机构必须替贷款企业先偿还银行贷款而后向贷款企业行使追索权。因此担保机构的风险主要来自贷款企业的道德风险——企业有还款能力而不愿意还，经营风险——经营失败，失去还款能力。担保机构要防范风险，一要实行担保控制，二要识别风险，三要贷款企业提供反担保。

4. 减少行政干预

担保机构由于资本金大都来自财政而且补偿金也来自财政，因此地方政府主客观上都有行政干预的可能。我们要尽量减小行政干预的危害。首先，政府要有金融风险意识，要认识到担保面临着潜在的较大金融风险。金融风险与政府、社会、个人紧紧相关。政府部门要对担保机构的作用有一个长远认识，不能搞“一锤子买卖”。地方政府还要认识到财政出资建立担保机构支持中小企业能涵养税源，所得大于所出。地方政府还要认识到，行政干预产生的不良后果最后还得由政府来承担。其次，人民银行加强对担保机构监督。为了避免行政干预，人民银行应加强对担保机构的监管，并制定从业人员任职标准、任职条件，对从业人员严格审批把关。再次，贷款银行充分发挥贷款决定自主权。贷款银行应派专人参与担保公司的信用调查，掌握企业信用的第一手资料。并不是担保机构决定后担保银行就一定要贷款给企业，银行要保留自主决定是否贷款的权力，从而保障银行资产的安全。

（七）中小企业正确选用社会化中介服务机构完善自身

由于中小企业自身弱小，它不可能独立完成进入市场的全过程，特别需要得

到如科研成果市场化、人才培训、市场开拓、财务管理、信息咨询等方面的帮助，这需要通过社会中介机构提供这些方面的服务。中介机构在解决信息不对称问题方面有自己特有的优势，因为它可以使生产信息的收益充分内部化，搭便车问题能得到有效解决，同时，专业化的中介机构在信息的获取与处理、专门人才的利用与培训和专门技术的研究与开发等方面都可以取得明显的规模经济，减少交易费用。因此，政府有必要建立和完善信息咨询、资产评估、财务顾问、产权交易等中介服务机构，加强对中小企业的中介服务，同时也为中小企业正确选用服务机构提供帮助，从而达到完善自我的目的。

二、切实做好企业自身内部管理，建立有效的财务管理控制体系

（一）全方位转变企业财务管理观念

财务管理观念是指导财务管理实践的价值观，是思考财务管理问题的出发点。面对新的理财环境，企业若不全方位转变财务管理观念，就很难在激烈的国际竞争中赢得一席之地。笔者认为，中小企业应树立以下观念。

首先，树立人本化理财观念。重视人的发展和管理，是现代管理的基本趋势。

企业的每项财务活动都是由人发起、操作和管理的，其成效如何主要取决于人的知识、智慧和努力程度。因此，在财务管理中要理解人、尊重人，规范财务人员的行为，建立责权利相结合的财务运行机制，强化对人的激励和约束，其目的就是要充分调动人们科学理财的积极性、主动性和创造性。

其次，树立资本多元化理财观念。入世后，资本市场开放，市场准入门槛降低，大批外资银行和外国企业都进驻中国，大量的外国资本涌入中国市场。中小企业应抓住这一契机，积极寻求与外资合作，提高管理水平，实现投资主体多元化，优化企业法人治理结构。

最后，树立风险理财观念。在现代市场经济中，由于市场机制的作用，任何一个市场主体的利益都具有不确定性，存在蒙受一定经济损失的可能，即不可避免地要承担一定的风险。在财务管理中要树立风险观念，善于对环境变化带来的不确定因素进行科学预测，有预见地采取各种防范措施，使可能遭受的损失降到

最低程度，提高抵御风险的能力。

中小企业防范风险有两个重要途径：一是制订翔实的财务计划，通过计划将不确定因素确定下来，使企业产生应对变化的机制，减小未来风险的影响；二是建立风险预测模型，有预见地、系统地辨认可能出现的风险，变被动为主动，防患于未然。

（二）逐步提升财务管理的境界层次

就像企业成长不同阶段需要关注不同问题一样，财务管理在企业的不同成长时期也具有不同的重点。我们既不需要一口就吃个胖子，也不能在重点问题上存在重大缺失。伴随着企业的成长，财务管理也有其自身的成长过程。这个过程，我们可以把它分为递进的五种境界。

第一境界，是记账。这个阶段的企业处于初创期，人员规模不大，业务比较简单，管理点少而单一，营运及资金规模也较小。因而对财务功能的要求较低，限于出纳、记录、简单核算、报税，财务完全是后台孤立的服务职能。这个阶段容易产生的问题是由于会计人员水平有限，往往缺乏严格的审核环节，核算归属、记账准确性和规范性差，有潜在资金安全隐患。另外，业务上的灵活性导致财务上存在许多账外项目，账目不能真实反映整体经营状况。比较好的解决办法是聘请实务经验丰富的会计人员或机构定期审账调账，规范科目设置、核算归属、对账、单据凭证账簿，并且建立简单的财务控制措施，如费用标准、借款限额等。

第二境界，控制。企业进一步成长，进入较大范围的市场，产品线和组织扩张。这个阶段，由于资金、货物的运作量不断增大，企业面临的风险增大，产生损失的可能性和危害程度都扩大。管理点快速增多，也加大了资金调配、费用失控的风险。同时，快速扩张对资金周转提出较高的要求，如果对整体财务、资金状况缺乏准确及时的了解，就会丧失市场机会或造成现金流危机。这个阶段的企业，就像快速奔驰的列车，如果没有一套良好的制动装置，遇到弯道、突发情况等就容易出轨。所以，企业到达这个阶段，迫切需要一个有效的控制体系，使持续的奔驰建立在一个可控的平台之上。

配合这个阶段的管理要求，财务管理强调资金、货物、资产等财务安全，要求准确的记账和核算。财务广泛参与到业务流程的事中控制之中，紧贴业务，建立起一套财务控制制度，从资金、存货、信息、账务四个方面保障企业内部安全。这个阶段容易出现的问题是：对可能有的风险缺乏系统分析和了解；采用控制手段，但对控制效果没有把握，并缺乏科学的评估办法；控制点和控制手段不恰当，没有起到控制效果；侧重对会计系统的控制，忽视业务系统的财务控制，使财务控制仍然停留在事后，起不到对业务的控制作用。解决这个阶段的问题要求既懂管理又懂财务，并且具有良好的大局观念和系统思维的专业人士。在实际中，企业或通过聘请这样的财务总监，或通过聘请专业咨询机构来系统搭建这个控制平台。

第三境界，分析。企业进一步成长，或在已有的市场中处于领先地位，或进入多元化发展，在较大范围的市场进行竞争。企业面临的市场、竞争及内部管理环境比较复杂，信息比较庞杂，需要进行选择和分析以支持各种决策。如果缺乏这种信息的支持，决策将无法进行或决策错误的风险很大，如基于财务分析的战略选择、业务组合、业绩管理，投融资决策，运营效率的改善，全面预算的实行等。这些都将阻碍企业市场份额的扩大和利润的增长。因此，这个阶段要求财务为业绩管理、全面预算、决策支持服务，帮助企业营利。财务参与到事前规划和控制中。

常规的指标分析是财务分析的重要组成部分，但它主要为投资者所用。对企业经营管理者而言，财务分析的内容远不止于此。企业在这个阶段，需要建立适合自己的财务分析体系和模型。财务分析的结果，可广泛使用于业绩规划、营利分析、效率改善和薪酬制定中。

第四境界，资本运作。当企业发展到一定规模，这个阶段，企业运用资本手段进行较大规模的快速扩张，进入多元化扩张和发展，企业通过上市募集资金，或进行其他战略性、财务性融资。同时，采取并购等手段进行扩张。这一阶段的财务重在资金运作，对投融资进行直接运作和管理，涉及资本结构优化、利润分配事宜。

第五境界，财务效益。这时的企业具有较复杂的资本结构、法人结构，营运资本量大，有税务谈判的筹码。这个阶段的财务主要是通过税务优化、营运资本的管理，直接为企业产生效益，以避免不必要的多纳税和资金闲置，造成损失。

以上财务管理的五种境界有着内在的逻辑发展顺序，但并非是完全割裂开来的。境界间可能交叉，互相重合。但在企业发展的不同阶段，需要不同的财务管理体系与之配套。如果这样的体系有重大的缺失，或功能不到位，则会严重阻碍企业的发展。

（三）加强资金管理，强化财务控制

1. 努力提高资金的使用效率，使资金运用产生最佳的效果

首先，要使资金的来源和运用得到有效配合，如不能用短期借款来购买固定资产，以免导致资金周转困难；其次，准确预测资金收回和支付的时间，如应收账款什么时候可收回，什么时候可进货等，都要做到心中有数，否则，易造成收支失衡，资金拮据；最后，合理地进行资金分配，流动资金和固定资金的占用配比合理。

2. 加强对营运资金的管理

从发展现状看，涉及现金、应收应付、存货等的营运资金管理是目前企业财务管理的“主旋律”。加快生产经营资金的流动和周转，资金只有在流通中才能增值，企业的利润主要是靠流动资金的周转来实现的。因此，第一，要保持合理的“三率”——流动比率、速动比率和现金比率，特别是现金比率，它反映企业当前或近期需支付现金的能力，应努力保持企业各项现金收入之和略大于各项现金支出之和，即接近所谓理想的“现金余额为零”，说明资金得到了充分利用。第二，注意合理的存货比率——存货与流动资产总额之比。企业应对采购物资实行定额控制，做到事前有计划、事中有控制、事后有分析，使物资结构趋于合理，尽量减少储备资金和成品（商品）资金的占用，充分利用市场这个“仓库”的观念，在满足生产经营的前提下，存货是越少越好。第三，要严格控“三期”——存货周期、应收账款周期及应付账款周期。存货周期是通过当期的销售额和库存

资金占用之比来体现的，只有通过缩短存货在生产经营过程中的停留时间和减少库存、加速产品销售，才能缩短周期，加速资金周转，减少资金占用。应收账款周期即账款回收天数，应强化对应收账款的管理，制定相应的应收账款政策，千方百计缩短账款回收期。应付账款周期是指充分利用供货方允许企业支付货款的期限，这样企业可利用这部分资金来周转，但也应注意不能拖延应付账款周期而影响企业信誉。第四，努力降低“三费”——主要指管理费用、财务费用和销售费用。这三项费用可以说是直接耗用掉了的一部分流动资金，严格控制并努力降低“三费”是企业当务之急。

3. 加强财产控制

建立健全财产物资管理的内部控制制度，在物资采购、领用、销售及样品管理上建立规范的操作程序，堵塞漏洞，维护安全。对财产的管理与记录必须分开，以形成有力的内部牵制，决不能把资产管理、记录、检查核对等交由一个人来做。定期检查和盘点财产，督促管理人员和记录人的严格管理。

（四）加强财务预算管理

编制财务预算，对财务目标进行综合平衡，将目标分解到各部门、各责任人，并通过财务预算来约束和控制企业的财务行为，保证企业各项计划的完成。

新建投资项目企业的财务预算，以投资预算为重点，包括投资项目的可行性分析、总预算、现金流出量的计划、筹集预算计划，在财务管理制度中确定预算控制办法及决策程序。

持续经营企业的财务预算，以营利为重点，包括销售预算、销售成本、费用预算、营利目标预算、现金流量预算。对费用预算的重点项目和各类损失要进行重点监控。现金流量预算的重点是经营性流入量和流出量，要确保资金回笼，提高资金的使用效率。

清理企业的财务预算，以现金流量为重点，严格收支两条线。为了有效控制费用，对清理企业要进行现金流量费用支出预算控制。

企业财务部门根据企业的经营目标，在充分论证和可行性研究的基础上，编制财务预算，提交董事会审议。董事会对财务预算审议通过后形成的决议，作为企业工作的法定依据和目标。董事会通过的财务预算由企业经营层组织实施，财务部门进行全过程的动态监控，并将财务预算的执行情况向董事会报告。为了保证预算目标的实现，根据企业内部的管理层次和组织结构，要建立有效的内部制约制度，主要包括财务收支审批制度、权限规定、联签手续、稽核制度等，落实责任制，并且通过财务会计信息的记录、分析和反馈，形成事前控制、事中监督、事后考核的企业内部控制系统。严格对财务预算实施考核，兑现奖惩。

（五）正确进行投资决策，努力降低投资风险

投资决策需要权衡风险和回报，一个投资项目要有好的回报，涉及多方面的因素：首先要投资方向适当；其次要投资时机适当；最后要适合环境变化。项目建成后还需管理科学，经营良好。任何一个方面的问题都有可能使支出增加，甚至使项目的预期呈反向效应，造成巨大损失，使企业陷入困境。正因如此，现代企业对投资决策非常慎重。因此，企业在决策时要识别风险，判断风险，决策后进行风险管理，规避风险，从而获得最大的投资效益。

首先，在投资立项上要进行管理与控制。对投资立项的可行性研究，必须坚持实事求是的原则。通过对市场的分析，研究产品的销路和发展趋势，工艺流程和技术数据，预测产品的销售价格、成本、税金和盈利，涉及外汇的还要考虑汇率风险，以及规避这些风险的措施。如果是借入资本搞项目投资，还必须考虑筹资成本。除了进行可行性研究外，还可以对该项目进行不可行性的研究分析，从不同角度和不同意见中分析利弊得失，从而取得比较切合实际的可行性研究结论。

其次，在投资项目管理上要进行分析与控制。项目投资以后，必须加强对投资项目的跟踪管理，不能以投代管，投资后不闻不问，放任自流。对投资对象除了听其汇报、审阅其方案外，有条件的还要选派得力人员到被投资企业去参与管理，及时反馈经营情况，发现问题要尽可能解决在萌芽状态中。这样既帮助了被投资企业，也维护了投资企业的合法权益。

最后，对外投资项目的选择，也可通过多元化的投资组合来分散风险。从实际操作讲，企业实际投资的多元化，如产品开发多元化、生产地区多元化等，可

采取一业为主兼营他业和多种经营的做法。多样化的投资可以减少或抵消风险因素的不利变化。

证券投资也应遵循此原则，首先是证券种类的分散，一部分作为安全性比较高的债券投资，一部分作为风险较大的股票投资。其次是选择多个上市公司的股票，注意行业、地区分散，或选择多种债券，同时注意时间上的分散。企业不直接选择某一具体的证券或证券组合，而是投资于一些专业性投资公司的证券组合，往往也能降低证券投资风险。

有了投资前的科学论证，投资后的跟踪监督，加强管理，再加上提取一定的投资风险准备，可以使企业在投资活动中有效地防范风险，取得较高的投资回报率。

第四章　中小企业资金管理策略

第一节　中小企业资金管理概述

一、资金管理理论

资金被看作企业运营的血液，因为资金不仅是企业进行各项经营的必备要素，而且还是各经济活动的财务反映。资金管理（Capital Management）是公司财务管理功能的拓展和细化，在企业综合管理系统中处于核心位置。企业的资金状况不仅能够体现其资源配置状况、资源的数量及质量状况，而且还能够代表其资本的构成状况和企业的产权状况，因此，企业的资金状况对其生存和成长都具有非常重要的意义。掌握、控制好企业的资金就相当于抓牢了企业的生命线。

（一）资金管理的概念及内容

1. 资金管理的概念

所谓的资金管理其实是指一种开放、动态以及综合性的管理，是在国家相关法律法规的引导下，参照资金运动的特征及规律，很好地开展企业资金的运动管理，有效处理不同资金之间的关系。具体地说，是对资金的调度、资金的运转以及资金的结算等资金运动流程进行全面管理，包括对企业资金的筹集、产品的销售、资金的流入等进行全面的组织、协调以及控制的过程。

2. 资金管理的内容

资金管理的内容主要分为狭义与广义两个方面。从狭义方面来说，只是指企业资金的融入与使用、货币的预算与控制，现金流管理是资金管理的重要内容。从广义方面来说，其内容更加广泛，主要有资金筹集的管理（来源的管理）、资金投入的管理（投向的管理）、资金运作的管理（采购、存货及应收账款等的管理）、现金资金流的管理以及资本运营等多方面的管理。同时，这些方面互相关联、制约，但又相互独立运作。

（1）筹资管理

筹资管理是组织依据生产、经营、投资以及资本结构变革需求，运用多种筹资渠道，采取不同方式，快速便捷地融入组织所需资金的一种财务行为。筹资管理是为了满足组织资金需求、降低成本、减少风险而存在的。但是，当前我国国内资金市场还未发展成熟，组织可选择的筹资渠道还较少，大多数企业还是更多地依赖于银行所提供的信贷资金。

（2）投资管理

投资管理主要是与证券和资产有关的金融服务活动，为达成投资者利益最大化的目标服务，涉及组织的各个方面。横向方面来说，包括组织内部所有的经济活动；纵向方面来说，不仅涉及组织资金目前的合理使用，还考虑到资金以后期间的有效配置。在国内，投资的概念比较广泛，除了传统的股票投资与债券投资之外，还包括购置或者是建造某些固定资产，采购以及存储流动资产等多种经济活动。

（3）现金流管理

所谓的现金流管理其实指的是把现金流量当成组织管理的重点，同时要兼顾到收益，对组织内的有关经营活动、投资活动以及筹资活动进行管理而形成的管理体系，实质上是对组织现在以及以后期间现金流的量以及时间安排方面的预算和规划、实施和控制、信息交流和上报、研究和评估。

（4）资本运营

资本运营所指的是把组织资本方面的增值以及组织利润的最大化作为最终目

标，以组织的价值管理为特点，将本组织、本部门不同类别的资本，与其他组织、其他部门的资本不停地运营和重新组合，达到组织生产要素的有效配置以及产业结构的动态组合，最终实现本组织自己所有资本的增值以及利润最大化的最终目标的运营行为。资本运营的目的是，实现组织利润最大化，达成股东的利益最大化，最终实现组织的价值最大化。

（二）资金管理的基本理论

1. 委托代理理论

所谓的委托代理实质上指的是某个人或某些人（即委托人）委托其他的人（即代理人）以委托人的利益为根本而从事的一些运作行为。委托代理关系的产生是基于近年来现代公司制的出现。现代制度经济学家普遍认为，企业的所有权和经营权相互分离而产生的委托代理关系，使得企业存在信息不对称，从而使得逆向选择（Adverse Selection）以及道德风险（Moral Hazard）得以存在，最终企业的代理成本无法避免地形成于企业当中。有学者对企业的代理成本进行了界定：代理成本实质上是作为代理人的其他人代理其所从事的工作产生的净增资本成本。

2. 资金风险理论

现今的市场经济条件下，所有市场主体的利益都存在着一些不确定性，在客观上就具有承受经济损失的可能性，也就是有些风险是无法避免的，同样，资金也不可避免地要承担一定的风险。所谓的资金风险其实指的是企业在持有和使用资金的过程中所产生的资金损失的可能性。具体来说，资金所具有的风险包括资金流动风险、资金信用风险以及资金的利率风险，而风险往往与收益相互联系。在资金管理过程中，最优的状态是：在风险状况一定的情况下必须使得企业的收益达到最大化；在一定的收益状况下必须使得企业的风险达到最低。

3. 资金成本效益理论

有资金运作的地方必定会有成本与收益，而资金的总量越大，资金的成本和收益水平越高。具体来说，资金成本主要有利息的支出以及费用的支付。若从成本性态方面来说，费用的支出是相对固定的，在条件不变的情况下会维持不变的

状态，而在此基础上，利息的支出会与资金总量呈现出相同的变化趋势，且由于供求关系并不会维持不变，供求关系的变化幅度很有可能比资金总量的变化幅度还大，因此，资金的成本是一种递增型的混合成本。

4. 内部控制理论

20 世纪末，美国的注册会计师协会（AICPA）对内部控制进行了明确的界定，指出内部控制是指由企业的董事会、管理层以及所有员工共同实施的，为企业价值最大化的实现提供有效保证的行为活动。同时，该协会还提出了企业内部控制的框架，主要含有五个互相关联的因素：企业内部控制的环境、企业风险的评估、企业内部控制活动、企业信息的沟通以及内部的监控。

二、中小企业发展各阶段风险状况及资金管理特征分析

企业金融成长周期理论指出，企业生存与发展的不同阶段呈现出不同的生命周期特点，若想发展顺畅，企业的管理者则必须根据不同生命周期的特点选择适当的资金管理策略以满足资金方面的不同需求。

（一）中小企业生命周期各阶段风险状况分析

1. 中小企业生命周期阶段划分

大量学者对中小企业的生存与发展进行了广泛的研究，对中小企业生命周期也进行了许多划分，有数十种之多。综合各位学者的观点，中小企业生存与成长的阶段划分及依据可以归纳为表 4–1 所示。

表 4–1 主要阶段模型与划分依据

代表者	划分阶段	划分依据
罗伯特 · 索洛	企业周期是波动的	索洛剩余
斯坦梅茨	直接控制阶段、指挥管理阶段、间接控制阶段、部门组织阶段	管理者授权程度
格雷纳	创业阶段、生存阶段、发展阶段、起飞阶段、成熟阶段	时间为参考，企业发展的障碍因素

续表

代表者	划分阶段	划分依据
爱迪斯	产生阶段、成长阶段、成熟阶段、衰亡阶段、死亡阶段	销售收入、单位产量、雇员数
弗莱姆兹	新建阶段、扩张阶段、专业化阶段、巩固阶段、多元化阶段、一元化阶段、复兴阶段	年销售收入
刘勇、林毅夫	创办阶段、投入阶段、增长发展阶段、开始成熟阶段、退出阶段	经营时间
伯杰・代尔	婴儿期、青少年期、中年期、老年期	经营时间
许小明	创业期、成长期、稳定期、衰败期	经营时间

伯杰・代尔曾对中小企业的生命周期进行划分：0～2年是婴儿期（种子期阶段）、3～4年是少年期（创建期阶段）、5～24年是青年期（成长期阶段）、25年以上是中年期（成熟期阶段）。在广泛吸收前人研究成果的基础上，结合中小企业成长特点，本书将中小企业的生命周期划分成种子期阶段、创建期阶段、成长期阶段以及成熟期阶段。在考虑行业性差异的基础上，具体划分的依据主要以企业的经营时间为标准。但是，我国中小企业呈现出与其他国家不同的特性，因为我国企业多为劳动密集型企业，而且当前正处在经济转型阶段，改革开放的时间还很短。因此，本书如此划分中小企业的生命周期：0～1年是种子期阶段，2～4年是创建期阶段，5～8年是成长期阶段，8年以上是成熟期阶段。

2. 中小企业各阶段面临的风险状况

中小企业的成长始终与风险相伴。然而，在中小企业的不同生命周期当中，其风险状况是不同的。具体来说，中小企业各生命周期阶段的风险状况如下。

（1）种子期阶段风险状况

中小企业的种子期阶段，主要是企业的创建者或是产品的发明者投入大量的资金进行研发以检验创意是否可行的阶段，研发的目的主要是在基础研究以及应

用研究所取得的成果基础上，进一步将技术形成新产品、新工艺或是新设备，因此，研发的成果多为样品与样机等，此外还会形成系统的生产计划策略。该阶段的核心工作是研究人员的创造性工作。

从风险角度来分析，该阶段存在着技术风险与市场风险。所谓的技术风险，主要是指将技术创新转为实物以形成产品的过程中有可能成功也有可能失败，这种不确定性很高，因此，风险的水平也很高。所谓的市场风险，是指在技术形成产品的基础上，产品是否能被消费者认可，是否能得到一定的市场份额。中小企业的成长过程中，其所处市场可能会出现无法预料的变化，本来预计能够受到欢迎的产品极其可能遭到市场淘汰，且竞争对手也可能已经先于本企业推出更加成熟的新产品。这样，企业就会蒙受很大的损失。

（2）创建期阶段风险状况

中小企业的创建期阶段，是在种子期研发出的可以进一步推向市场的技术产品成果基础上，通过创建企业来将技术成果真正地转化为产品生产出来的阶段，在该阶段中小企业真正意义上成为企业。技术成果转变成大批量的产品，主要可以通过两种方式：第一种是通过科技成果转化的方式达到产品化的目的；第二种是科技人员自己进行创业，建立企业进行产品的生产。对于中小企业来说，主要是通过第二种方式来实现产业化。

从风险的角度来分析，该阶段的风险主要有创业风险以及市场风险。所谓的创业风险，具体指的是将科技成果转变为产品的过程中必将涉及生产环节，在该环节可能会有经营风险以及技术风险等。该阶段的市场风险主要是和种子期阶段相同的风险，包括产品推广风险，竞争对手之间的竞争风险。

（3）成长期阶段风险状况

中小企业在经历了前两个过程的艰苦奋斗之后，已经实现了技术成果的产业化，成为一个独立经营、自负盈亏的经济组织，步入企业的成长壮大阶段。该阶段的主要任务是如何使得企业能够正常运转并实现高速的发展。

从风险角度来看，该阶段的风险主要包括企业经营过程中所涉及的经营风险以及由于所处市场环境的不确定性带来的市场风险。在该阶段，中小企业可能遭受的市场风险要高于其他阶段。主要是由于如今科技发展速度很快，产品更新换代的速度更是大大提高，因此，中小企业的风险要比其他阶段中小企业的风险大得多。

（4）成熟期阶段风险状况

就像其他企业的成长一样，在经历了以上阶段的快速发展之后，中小企业进入了其成长阶段的成熟期。在该阶段，中小企业的基础建设已经非常成熟，企业的组织形式更是发展完善。企业的成长速度尽管还有可能十分快速，但是已经很难再以递增的状态高速成长了。

从风险角度来分析，该阶段中小企业可能承担的风险主要是市场风险。因为，最初的科研技术产业化的逐步成熟会促使大量其他企业也进入该行业，行业内市场的竞争程度会逐渐激烈起来。

（二）中小企业生命周期各阶段资金管理特征分析

同一组织在不同生命周期阶段对资金的需求呈现出不同的特点，因此，资金管理的方法也会相异。此外，中小企业的发展速度一般都非常快速，且生命周期特点极强。因此，本书对中小企业生命周期不同阶段的资金管理特点进行详细的分析。

1. 种子期资金管理的特征分析

种子期是中小企业生命周期的起始阶段，是企业所需基本资源和配备的准备以及集聚期间。单纯考虑财务因素，这时候的中小企业还没有任何收入，有的只是费用的开支，处在亏损的阶段。在该阶段中小企业主要承担着新产品是否能够被研发出来的研发风险和试验制造风险，投入资金的主要目标是使得技术成果产品化，虽然资金投入量并不大，但是所具有的风险却非常高。此阶段的资金主要来源于创业者自己筹集，一般来自个人的储蓄、亲友的借款以及政府相关资金的资助等，由于风险过大，风险投资基本不会加入，筹集到的资金基本是主权资本。这些资金用来进行新技术、新产品的研发，实验设备的购置，专利费的支付，技术人员的劳务开支，样品和样机的试制费用支付等。中小企业在种子期进行资金

管理的首要任务是要凑到足够的资金，因此，筹资数额大足量是种子期的中小企业资金管理的努力目标。

2. 创建期资金管理的特征分析

在完成了种子期的科技成果转化为新产品的主要任务后，中小企业便步入第二个成长期间——创建期。该阶段主要进行产品的试产及试销，企业主要会遭受到产品是否能批量生产的制造风险以及制造出的产品是否能够顺利卖出以得到盈利的营销风险。在这个阶段中小企业的支出很大，但是收入极其有限，因此，还处在亏损期。在创建期，中小企业的资金除了支付在厂房、设备、职工薪酬等方面，最多的是花费在新产品的推广方面。新产品能否得到消费者的认可，首先需要让消费者认识、了解它，因此需要进行多渠道的广告宣传以提升产品在市场上的知名度，让消费者了解新产品的优点和可取之处，因而广告及其他相关推广费用的支出是非常高的。本阶段的筹资来源中风险投资的分量是比较重的，对于创建期的中小企业来说，风险投资的进入，使企业获得资金及管理等多方面的帮助，大大降低了创建期的风险水平。

3. 成长期资金管理的特征分析

在经历了一段时间的创建期之后，企业会逐步进入成长期。由于已经承受住了种子期及创建期的风险考验，中小企业在产、供、销等方面已经能够驾轻就熟，所面临的风险相对来说也比较小。在该阶段企业需要进行进一步的扩大再生产以及更广泛的销售，因此，大量的资金投入是必不可少的。与此同时，中小企业的产品已经被消费者认可，在市场上具有一定的需求量，产品也进入了批量生产阶段，企业的收入也自然得到很大的提升，进入平稳的盈利状态。在该阶段企业的资金大量用于正常的生产和经营，一般都会难以为继，但是由于未来的发展前景比较好，还是会比较容易筹集到资金的。成长期中小企业资金管理的核心任务不再是筹集资金，而是怎样才能够很好地投放资金，最大化资金的利用效率，使得企业股东所得到的利益最大化。

4. 成熟期资金管理的特征

在经历了超快速度发展壮大时期的中小企业会逐步步入成熟期。在成熟期，中小企业已经开始了大量的盈利，企业的经营绩效快速提升，经营风险被降到最低。与此同时，为了满足市场消费者的需求，企业必须要持续大量地进行生产，此时的资金多数用于购买大量的设备、原材料，扩建生产厂房，聘任更多的员工等方面。在该阶段，资金需要量之大已非风险投资资金所能满足的，因此，资金管理的重点应是想方设法推动企业能够上市融资，因为上市融资不仅能够筹集到足够的资金，还能够使得风险资金成功退出。总而言之，成熟期的中小企业资金管理的主要目标是使得企业的价值达到最大化，因此，完全按照现代资本结构理论的指导来选择恰当的融资方式对成熟期的中小企业来说是可行的，这样可以使得企业的资本结构最优，企业能获得最大的收益。

三、我国中小企业资金管理环境分析

中小企业的资金管理和其所处的环境具有十分紧密的关系。一方面，中小企业资金管理要适应其所处环境的状况；另一方面，中小企业的资金管理还需要构建新的环境以与中小企业的成长相协调。

（一）内部环境分析

1. 内部制度不健全，资金管理水平不高

虽然可能所有的企业都有资金的使用计划以及费用支出的预算，但是大量的中小企业可能无法按照原定计划对资金进行控制，计划的执行力度不够。有些企业甚至将计划放到一旁，使得实际工作与资金使用计划完全脱节，企业的资金管理更加盲目，最终导致中小企业资金无法正常周转。

2. 总体规模小，实力不强，经营风险很大

我国的中小企业多为劳动密集型企业，该类企业的资产规模都比较小，大量缺乏可用人才，企业总体实力不强，抵抗风险的能力较弱。在多变的市场环境下，面对不固定的市场需求以及逐渐激烈的竞争水平，中小企业的核心竞争力低，抗衡能力弱，企业破产的概率很高。因此，各商业银行都不愿意向中小企业贷款，这样就进一步提升了中小企业所面临的财务风险和经营风险。

3. 缺乏可抵押的资产，间接融资能力差

目前，我国担保抵押行业发展落后，且中小企业往往都很缺少可抵押的资产，导致其在担保市场上处于更加劣势的地位，如中小企业的固定资产较少，没有土地以及房屋等可供抵押类的资产，具有的无形资产又难以量化，流动资产可变性过高等，这些境况的存在很难满足金融部门的有关要求，因此，基本不可能在金融部门得到用于企业生存和发展所需要的资金。

（二）外部环境分析

1. 金融环境

目前，我国中小企业进行资金管理所处的金融环境无法与发达国家的金融环境相比，能够为中小企业提供信贷的银行服务空间有限。一方面，具有高风险的中小企业很难从银行处获得贷款；另一方面，我国专门为中小企业提供服务的专门银行也很缺乏。此外，中小企业利用证券市场进行融资更是难上加难。而且，我国的风险投资机制还没有建立完善。参照西方国家的先进经验，风险投资的发展既需要很多的资金投入，还需要有适当的制度环境以及规范的中介机构相互协调。我国当前有关风险投资的专门政策、制度以及法律法规尚未建立完全。

2. 技术环境

技术对于中小企业来说非常重要，是中小企业发展壮大的动力来源。但是，我国当前总体技术创新系统的配置效率还处于低水平阶段。其一，经济主体、科学技术以及教育体系等各系统之间相互脱节，并未形成高效的运行体系，企业在和相关的科研机构以及高校院所合作时，往往处于被动地位，被别人牵着鼻子走。其二，由于旧体制的深入影响，我国大多数的科研成果都来自科研机构以及高校，这些成果很多都与市场需求相互脱节，没有科技成果转化的时效性概念。

3. 市场环境

当今社会处于知识经济时代，计算机网络开创了一个不同于往日的新时空，企业所处的市场环境发生了翻天覆地的变化。网络营销的出现不仅使得技术领域发生了革命性的变化，而且在观念层次上也发生了巨大的变革，这种新型营销方式的最大优势便是其具有很大的便捷性和透明度。但是，在互联网上营销毕竟还是一个新事物，在其发展过程中会遇到很多从未遇到过的各种障碍，如消费者的心理、网络的堵塞、资金支付的安全以及售后服务的提供等。

四、中小企业资金管理目标

资金管理目标是企业进行财务活动最终所要实现的目的，体现了企业财务活动与财务行为最终努力的方向和成果。资金管理的目标是企业进行财务活动的导向，和中小企业的运营管理目标具有十分密切的联系，中小企业运营管理的目标是通过其自身财务管理目标的实现来衡量的。

对于企业进行资金管理的目标，在学术界还未形成统一的观点，截止目前共有三种代表性的观点：利润最大化、每股收益最大化以及企业价值最大化，这三种资金管理目标所着重研究的期间以及研究的对象是不同的。结合中小企业的特点及所处现实环境可以看出，中小企业的资金管理目标应是企业价值最大化，此外，企业价值最大化同时也是发达国家的理论界、财务界以及金融界所公认的企业目标。分析其原因，主要具有以下几点。

首先，债权人已经不仅仅是中小企业的一般利益相关者，而成为中小企业的重要利益相关者，债权人对中小企业的发展非常关心。同时，中小企业的发展也要考虑到债权人的需求。因此，这都使得中小企业将企业价值最大化当作其自身资金管理的目标。

其次，知识经济时代，在中小企业的成长过程中，知识、智力以及无形资产等的加入具有决定性的重要作用。因此，高智商、高知识水平的人员是中小企业发展的重要资源。中小企业将人力资源当成自身发展的重要利益相关者，决定了其应把企业价值最大化当成资金管理的目标。

最后，中小企业的资金投入者一般都想得到较多的收益率，而且中小企业不管是从财务角度还是从企业未来成长的角度来考虑，都乐意给予除了股东以外的其他利益相关者一定的利益回报。因此，企业的目标已经不仅局限于股东，企业价值最大化是中小企业进行资金管理的最佳目标。

第二节　中小企业融资与投资策略研究

一、中小企业融资策略研究

（一）中小企业融资现状及成因分析

1. 中小企业融资现状

劳动力密集是我国当今社会的基本国情，这种环境同时也决定了我国中小企业发展的主要方向。中小企业生命周期的初级阶段，往往会选择内源融资，这样会大大降低其融资所需成本。而当企业发展壮大形成一定规模之后，其就会更多地选择外源融资模式，以进一步为企业的成长提供支持。

据调查，我国的中小企业在银行处获得贷款的成功率很低，具有相当大的困难。从调查的结果可以看出，在我国有 40% 的中小企业都认为融资困难是影响企业成长的重要因素，并且非常希望能够获得银行提供的贷款。从表 4–2 的数据可知，当前国内中小企业在申请贷款时获得审批的数量是十分少的，中小企业想从银行获得贷款存在着多方面的障碍。

表 4–2　银行对中小企业贷款拒绝情况

企业规模	申请数量	申请次数	拒绝数量	拒绝比例 /%	拒绝次数	拒绝次数的比例 /%
50 人及以下	750	1 500	470	62.7	1 200	80
51 ～ 100 人	350	642	211	60.3	368	57.3
201 ～ 500 人	155	551	66	42.6	234	42.5
500 人以下	45	155	16	35.6	40	25.8
合计	1 300	2 848	763	58.7	1 842	64.7

资料来源：王娟 . 我国中小企业融资难成因分析与解决对策［D］. 武汉：华中科技大学，2012.

2012 年 3 月 21 日我国复旦大学管理学院对外发布了一个对中、小、微企业成长指数的研究报告，报告显示，现阶段我国的中、小、微企业共有 1 300 万个之多，这些企业在营利方面压力比较大，生存的现实状况大多不太乐观。报告显示，这些企业的经营成本越来越高，融资方面又存在重重障碍，且企业的税收负担都很重，是亏损的主因。中国企业家调查系统也进行了相关调研，从其对外发布的调查报告可以看出，目前我国中小企业的资金短缺状况依旧非常严峻，接受调查的小型以及私有制企业当中，有多于50%的企业都具有资金紧张的现实困难。从国家的工业和信息化部统计数据也可以看出，在2011年全年，只有15%左右的中小企业成功地从银行处获得相应的新增贷款。

2. 中小企业融资困难的原因

中小企业的融资困境之所以存在，究其原因，既有内在的，又有外在的。内因与外因相互影响，为有效消除这一困难带来了非常大的挑战。

（1）中小企业融资难的内因

首先，中小企业的规模都很小，资产总量不多，固定资产很少，其所处的市场往往都存在着非常激烈的竞争，所获收益率很低，经营效益不确定，现金流量不足，生存的能力很弱，且缺乏足够的抵押品，缺少担保，很难得到银行的认可。

其次，中小企业的财务制度往往都不是很健全，财务信息的真实性有待商榷，且透明度不高。有些中小企业为了能够获得国家的一些专项补贴，有效逃税避税、逃避债务，或是为了成功获得银行的贷款，有可能会编制多本不同的账簿。这些真真假假的财务信息混到一起，可能连最具经验的信贷人员都无法辨清真伪。

最后，中小企业在人力资源方面存在着很严重的问题。有些中小企业的经营管理者本身的能力水平不高，没有信用方面的意识，可能常常会存在拖欠贷款或利息的情况，这样由于不良信用记录的存在为以后再申请贷款又多构建起一层障碍。

（2）中小企业融资难的外因

首先，自愿给中小企业的成长提供金融服务的机构非常少，且这些金融机构在为中小企业提供支持时往往存在着明显的歧视现象。多年来，银行都会将大型企业作为信贷的对象，因为大型企业的信贷业务成本相对于中小企业要低得多。

其次，中小企业的贷款担保体系尚未发展健全。中小企业由于规模较小，固定资产往往都很少。而从抵押的流程可以看出，抵押的环节冗长且收取的费用项目很多，这就导致中小企业很难获取到短、频、快的资金。此外，能够为中小企业提供贷款的担保人也非常难找。

最后，我国为中小企业的成长提供直接或间接的支持和保障的法律、法规尚未发展完善。在我国市场环境下，中小企业是依据所有制形式或是行业归属进行管理的，这种依赖行政方法而不是市场手段的管理方式很容易使得中小企业的管理工作出现机构重叠的问题，有时可能会同一个问题多头共管，有些问题可能又会无人问津，管理方面出现真空。

（二）中小企业融资模式探讨

1. 内源融资与外源融资

内源融资是中小企业自身资本的累积以及剩余价值资本化的过程。外源融资是指中小企业以吸收企业之外的资金并将其转为自有资金投资的过程，如发行股票等方式。

内源融资这种方式是不用支付利息等费用的，因此便不会有融资费用的支出，能够有效地减少中小企业的现金流。该方式是中小企业的最优选择，因为内源融资的成本要大大低于外源融资。当中小企业无法通过内源融资筹集到足够资金时，才会去进行外源融资。中小企业成长到一定规模时，才会逐步增多外源融资的量。

2. 直接融资与间接融资

直接融资是指资金的供应者和需求者之间具有直接的债务关系。在当前的市场经济条件下，允许中小企业直接从资金供应方获得资金，进行企业间的融资。该种方式是非常常见的融资方式之一。而中小企业和资金的提供者之间还有第三方，也就是中介的作用，该融资方式属于间接融资。

在实际工作当中，中小企业可选择的融资方式很多，但是在具体选择时，需要将成本问题考虑进来。中小企业在进行选择时，最优选择是内源融资。对于中小企业来说，直接融资的成本实质上是比间接融资成本要高的，因此，中小企业在选择外源融资前，需要将间接融资考虑进来。中小企业的融资顺序是先内源融资后外源融资，先间接融资后直接融资。

（三）中小企业发展不同阶段的融资策略

中小企业在成长过程中的不同阶段所面临的风险是不同的，不同阶段进行融资的渠道、方式以及具体执行也呈现出不同的状态。

1. 种子期的融资策略

尽管在种子期中小企业对资金的需求并不是很多，但是由于多种风险的同时存在，且处于种子期的中小企业没有产品的生产与销售，故中小企业在种子期没有资金的流入。所以，种子期阶段的中小企业并不能运用传统的融资方式，而是要依赖于中小企业的创建者自己拥有的资金、政府的财税资金或者是政府提供的专项基金、孵化器等多种渠道来获取资金。

创业基金和天使投资是种子期的中小企业可以选择的融资方式，是中小企业和投资者间进行双向选择的最终结果。创业基金要求中小企业进行的研发必须要符合国家当前产业及政策方面的需求，若未达到政府要求的标准，研发的项目技术含量不够高，创新性也不强，那么中小企业是不容易取得创业基金支持的。

2. 创建期的融资策略

中小企业在创业初始阶段的资金投入量较多，但是回报少，且企业的规模较小，获得成功的前景也不明确，此外，中小企业还面临着很大的市场风险以及经营风险，因此，此时的中小企业基本不太可能在证券市场上发行股票或是从金融机构处获得资金。但是，这些特征的存在却会吸引到一些风险偏好型风险投资公司的注意。

各级金融机构的资金很难提供给中小企业，因为中小企业的风险大，且能够提供的担保品和抵押的固定资产很少。因此，中小企业就应抓住机会，广泛地吸引风险投资的介入，和风险投资公司建立联系，选择最适合自身发展的融资方式。风险投资的介入，刚好能和中小企业的高风险匹配，是中小企业在初创期一种比较适宜的融资方式。

3. 成长期的融资策略

成长期的中小企业，资金主要用来购买原材料及零配件等。与之前两个阶段相比，成长期的中小企业已经具有一定的规模，且抵押能力得到了增强，面临的技术、管理风险都在逐渐降低，信用情况也较前两个期间得到了大大的改善，因此，中小企业很有可能在金融机构处获得贷款。

中小企业在成长期可选择传统的借贷方式进行融资，如银行贷款、发行债券等。在该阶段，中小企业的创建者在融到足够资金的前提下对企业未来的前景具有充足的信心。在成长期，中小企业的最优融资方式是债务融资，且债务融资能够使得企业有效地避免和减少所有权被稀释的情况，这对于创建者来说是很重要的。中小企业在成长期阶段，在合理的资本结构范围内，应尽量扩大债务性融资。

4. 成熟期的融资策略

中小企业发展成熟后，风险投资资金会逐步从企业中撤出。因为成熟期的中小企业发展会稳定下来，风险水平也会大大减低，而风险投资企业所追求的恰恰是高风险所带来的高收益，因此，在中小企业的规模发展到一定程度后风险投资资金就会通过撤资来实现自身资金的增值，之后再投入其他具有高风险的项目中。

进入成熟期后，中小企业在债务融资的基础上还可以选择在资本市场上市，这样会筹集到更多的资金。通过资本结构理论可知，在正常状况下，负债的融资成本最高，优先股次之，而普通股相对于这两种融资方式来说成本较低。此外，除了直接上市融资这种方式外，中小企业还可以选择兼并收购策略。兼并既是一种融资的方式，又是企业配置技术资源以及管理资源的良好途径。

（四）中小企业最优资本结构的确定

中小企业可选用上述不同的融资方式进行筹资，但是，每种筹资方式都具有不同的成本和代价，因此，中小企业在选择这些方式时，应该具有一定的标准，确定出企业最佳的资本结构，以使得自身的企业价值最大化。

中小企业资本的来源主要有权益资本（用 S 表示）和债务资本（用 B 表示）两个部分，债务和权益的比值被称作资本结构，用 D 来代表（$D=B/S$）。从资本结构和企业价值之间的关系可以看出，中小企业达到融资成本最小，也就是实现企业价值最大化时，存在着一个最优的资本结构。

1. 我国中小企业最优资本结构特点

从大量的实践数据可以看出,我国中小企业目前的最优资本结构的水平很低。要想保证中小企业无论何时都能够以较低成本、较小难度获得债务资本，就必须在企业内部留存相当的借债能力以及储备能够保证一定灵活性的资金量，即将中小企业的资本结构保留在稍低于最优资本机构的程度。

学者们普遍认为，我国中小企业应将债务水平控制在 30% ～ 70%。若中小企业的负债水平在30%以下,则不能很好地满足其自身高速发展所需的大量资金;若中小企业的负债水平在 70% 以上，则中小企业就可能会存在很大的财务危机以及较高的代理成本，降低企业对风险的承受能力，影响自身快速持续的成长。相关研究显示，在所得税比率为 33% 时，我国中小企业的负债水平维持在 60% 是较佳的水平。

2. 中小企业最优资本结构的确定——EBIT-EPS 法

EBIT 表示息税前盈余，EPS 代表每股盈余。EBIT-EPS 分析方式在发达国家的财务学中常常被用来分析企业的资本结构，该方法以追求企业的每股盈余最大化为最终目的，在考虑企业负债成本、税收影响以及所处市场状况的前提下来明确企业最佳的资本结构。

EBIT-EPS 法有一个假设前提：当企业的债务增加时并不会使得企业所面临的风险也同时增加，因此，企业的债务成本以及权益成本方面的变化都不在考虑的范围，只要企业的 EPS 上涨，就能够达到企业的价值最大化。

将企业的边际贡献率看作 a，固定费用看作 F，所得税率看作 T，原流通股本看作 N，销售的收入看作 S。若该企业现在想增加自身的融资量 N_1，已知企业的债务利息率是 i，那么负债融资的计算公式是 EPS=（$aS-F-N_1i$）（$1-T$）$/N$，该公式代表的是当企业以负债的方式融资以增加资本的时候，EPS 随着销售收入发生变化的函数关系。权益融资的计算公式是 EPS=（$aS-F$）（$1-T$）/（$N+N_1$），该公式代表的是当企业以发行股票的方式融资以增加资本的时候，EPS 随着销售

额发生变化的函数关系。这两条线相交的点便是 EPS 的无差别点，这一点所对应的横坐标 X 就代表当中小企业的销售收入是 X 的时候，企业无论是进行债务融资还是进行权益融资其对 EPS 的影响都是一样的。若中小企业预计的销售收入比 X 大，则其应该运用债务融资的方式，反之则应运用权益融资的方式，这样 EPS 才能达到最大。

二、中小企业投资策略研究

投资的本质是对资本的使用，是以一定量的资本投入（货币或实物）为基础，以能为企业带来新的生产要素的增长以及预期获取的收益增多为最终目的的经济行为。对于中小企业来说，投资是其投入相应的人、财、物以获取新的技术、新的产品，使得企业的经济效益得到提高，进而提升企业自身的生存和发展能力的经济活动。

（一）中小企业投资现状及成因分析

1. 中小企业投资现状

（1）我国中小企业投资方式

要想有效地了解我国中小企业进行投资的现状，需要对中小企业的投资方式进行广泛的调查，中小企业固定资产投资方式如表 4–3 所示。

表 4–3　中小企业固定资产投资方式

分类		购买		租赁		购买和租赁	
		企业个数	百分比 /%	企业个数	百分比 /%	企业个数	百分比 /%
按行业分	工业企业	75	35	44	20	97	45
	商业企业	51	32	18	28	77	53
按地区分	中部	98	45	41	19	78	36
	东部	58	40	21	15	66	45

资料来源：邢菊娥 . 中小企业投资管理问题研究［J］. 中外企业家，2009（2）：77–79.

从表 4–3 可知，在中小企业选择具体的固定资产投资方式时，直接投资或是租赁是其最主要的决策选择。中小企业的规模越小，越倾向于租赁的方式进行投资。从不同的地区分布来看，中东部地区的中小企业选择购买固定资产进行投资的比例各占到 45% 以及 40%，选择固定资产租赁方式的各占到 19% 以及 15%，将固定资产的采购与租赁两种方式相结合的中小企业占比分别是 36% 以及 45%。因此，中小企业进行投资选择时，在地区上的差别并不明显。

（2）我国中小企业投资评价

在对我国中小企业投资的现实状况进行调研的过程中，对项目进行评价和分析时，数据的可获得性对投资现状的整体研究是非常重要的。固定资产项目投资的评价情况如表 4–4 所示。

表 4–4　固定资产项目投资的评价情况

分类		有必要分析		没有必要分析	
		企业个数	百分比 /%	企业个数	百分比 /%
按行业分	工业企业	205	95	11	5
	商业企业	117	80	29	11
按地分区	东部	130	89	15	9
	中部	192	91	25	12

资料来源：邢菊娥 . 中小企业投资管理问题研究［J］. 中外企业家，2009（2）：77–79.

从表 4–4 可以看出，在调查中小企业对于投资项目是否会进行评价分析时，选择需要评价分析的中小企业的数量在很大程度上多于不需进行分析的中小企业的数量，这就表明我国中小企业其实是很重视投资活动的。从行业方面来说，工业类的中小企业认为需要对投资项目进行评价和分析的企业数量占 95%，而商业类的企业在该项回答中的比例占 80%，工业类企业明显比商业类企业的比例大。

2. 中小企业投资存在的问题及原因

（1）重视短期，忽略内部

尽管在投资方面中小企业具有比较灵活的特点，可以随着市场上的变化适时

调整自身投资方向，但是，中小企业的投资还是主要偏向于具有短期效益的项目，只能看到近期利益，尚未考虑到自身的长期成长，投资的项目还缺少一些战略意义。而且，中小企业进行筹资的渠道不多，资金量不足，用来进行投资的资金多是为了短期获得高收益，并且希望可以在很短的时间内就将资金回收回来以降低风险。因此，中小企业一般都会忽略对自身的内部投资，首先考虑到的是面向外部的短期投资。

（2）投资结构不合理

由于中小企业的管理人员在财务管理方面的知识及投资方面的经验都不足，因此，选择具体投资项目时常常会选择有利可图的，且不关注投资结构的优化。在对内投资方面，中小企业一般都很重视投资有形资产，尤其是固定资产的采购，很多资金都用于购买固定资产，因此，往往会忽略对无形资产的投入。此外，中小企业并未认识到无形资产对企业成长的作用，在进行投资时会将无形资产看作投入金额大且见效慢的项目，使得中小企业无法跟上时代的发展，不能通过无形资产的主导作用来增加自己的核心竞争力，从而丧失了企业健康、稳定及快速发展的后续动力。

（3）缺乏必要的可行性分析

中小企业投资项目的选择往往是决策者在自身经验的基础上参考市场上的热门领域进行投资的，可能会呈现出“一拥而上”的无奈状况，使得投资的项目具有盲目性。而且，一般的中小企业都无法全面了解市场的现实状况，缺少最新的企业管理经验以及财务管理方面的知识，因此，企业的决策者在制定企业的收缩以及扩张战略、选择新投资项目等方面缺少可行性研究环节，不能有效使用能够体现投资项目的营运以及获利能力的体系及指标对所进行的投资项目可能存在的经济利益进行科学的分析，在具体决策时并没有可充分论证项目的依据。

（4）缺乏系统和科学的评价

中小企业在进行投资时往往都是企业的创建者进行直接管理，缺乏专业的投资机构以及对投资项目具有丰富经验的职工进行专门化管理，可能会导致投资项目的重要信息无法及时反馈，遇到的困难也无法快速有效地得到解决。此外，不管投资项目成功与否，也很少有中小企业对投资项目的结果进行科学的总结和分析。

（二）中小企业投资原则

1. 投资决策实现责任制

投资决策权对于成长中的中小企业的发展以及运转具有纲领性作用，可以说投资决策的好坏直接影响中小企业的成败。所以，中小企业应该设立投资决策责任制，在该制度中应明确投资决策者应该承担的具体责任，使得投资者的责任成为有章可循的制度以及有据可依的规章，这样可在一定程度上避免决策者做出草率决定，使得决策者能够认真对待，科学决策，从而制定出最优决策。

2. 主业基础上优化组合

在企业的经营过程中，由于战略方面的需求，可能会在同一时期要同时对多个领域进行多个项目的多元投资，中小企业也有这种情况的出现。但是，中小企业如果在该过程中将主业忽略掉，出现本末倒置的现象，最终将会导致全盘皆输。所以，在投资过程中，要在坚持主业的基础上，进行投资项目的优化组合。

3. 瞄准国家产业导向

投资产业方向的确定决定了中小企业在长远的发展过程中的战略性的关键问题。中小企业在对自身的成长空间进行选择时，首要的选择就是国家将会重点发展的产业，在进行该项选择时要全面地考虑所具有的市场机会、竞争的激烈程度、自身的实力状况与该产业的技术特点。应选择与企业自身的业务比较接近、具有广阔的市场前景、有适销对路的市场的产业，这样还可能会得到国家相关基金的支持。

4. 及时捕捉投资机会

中小企业投资获得成功的首要条件就是在恰当的时间以及恰当的空间进行恰当的投资。中小企业的决策者应该在投资的方向、投资的产业、投资的金额、投资的时机以及投资的成本等方面全方位地进行规划和协调，在充分的调研、科学的论证以及合理的行动基础上进行正确的投资。

（三）中小企业投资策略步骤

1. 确立投资目标和投资方向

（1）确定合理的投资目标

中小企业若能制定出合理的投资目标，便能对限定的资源进行有效的分配，且能够对投资计划及投资决策进行指导。故中小企业在确定投资目标时应该按照以下步骤进行。首先，确定企业的使命，企业进行投资的目标要能够体现出企业的使命，即在激烈的竞争环境中持续成长。其次，估计中小企业能够利用的资源，若不具备足够的资源，则中小企业的目标就很难实现。最后，有效评估周围的环境因素及其他影响，使得中小企业投资的目标和其他因素相互匹配。

（2）确定科学的投资方向

企业要想在投资方面取得成功就需要一个科学的投资方向。在确定投资方向时，中小企业需要考虑到这些因素：首先，企业自身的性质；其次，企业自身在投资方面的能力及所具有的技术水准；再次，国家的相关政策及规章制度；最后，市场需求的状况。科学投资方向的确立，就应全面考虑这些因素，明确中小企业自身实力以及周围的环境状况，最终做出对的抉择。

2. 合理运用资金

中小企业要想合理地使用资金，就要做到两点。第一，预测投资项目所需资金量，中小企业可按照投资项目的特性及相关的因素来科学预测出项目的投资额度。第二，制定出投资资金使用的规划，在完成了投资项目的分析之后，就应确定出资金使用的计划，即什么时候应花费资金做出合理的规划，并严格执行计划。

3. 调整投资结构

中小企业在进行具体的投资时，既要重视投资项目的领先性、在市场上的可行性，又要重视投资结构的匹配性。

（1）固定资产与流动资产的关系

在中小企业的经营管理过程中，固定资产与流动资产具有相辅相成的关系，若流动资产的投资力度不够，则固定资产就很难产生作用；若固定资产的投资量不足，则中小企业就不能形成全面的固定资产体系，中小企业就无法进行顺利的生产。正常情况下，生产型中小企业固定资产和流动资产的投入比例要大于科技型中小企业。

（2）有形资产与无形资产的关系

科技型中小企业在无形资产方面的投资应该占到企业总投资额度的多数，而非科技型中小企业在有形资产方面的投资应占到企业总投资额的多数，但是，同时也应考虑到在技术、人员、企业文化等方面的投资，适当增加中小企业在无形资产方面的投入，使得中小企业的软硬环境能够科学匹配，从本质上全面提高中小企业的核心竞争能力。

（3）新建与更新改造投资间的关系

第一，中小企业在新建与更新改造投资之间的关系上，受到中小企业在资金积累方面增长速度的限制。第二，中小企业在新建与更新改造方面的投资能够以什么样的速度增长，还会受到中小企业所控制的物质资源的情况及劳动力资源的总体情况的影响。第三，新建与更新改造投资的比例关系还会受到中小企业竞争策略的影响。

4. 建立可行性分析体系

对中小企业的投资项目进行可行性分析对于投资决策的制定是非常必要的，投资项目的可行性分析做好了中小企业便能做出正确的投资决策。

（1）投资环境分析

投资环境对于中小企业的成长是很重要的，有效分析投资环境可以使得中小企业快速地掌握环境的变化，使得投资决策准确、及时。对于中小企业投资环境的分析主要涉及这样一些内容：第一，正确了解政治环境；第二，准确把握宏观政策，有效结合宏观政策和微观政策；第三，客观合理地预测所在领域的市场前景。

（2）投资项目分析

对于中小企业的投资项目进行分析，要考虑这样两个问题：第一，企业的投资决策是运用现金流量观还是运用会计利润观；第二，企业的投资决策是运用贴现分析技术还是非贴现分析技术。从学术领域来考虑，现代财务管理领域以及经

济领域均建议中小企业运用现金流量观以及贴现分析技术相互匹配来共同进行投资决策的制定。

（四）中小企业投资决策评价方法

中小企业在进行投资决策选择和评价时，可采用以下几个方法来进行具体的分析。

1. 评估内部收益率

内部收益率是指企业的投资方案在其寿命期限之内，不同年份的净现值之和等于 0 时的折现率。内部收益率体现了所投资的项目在计算的期间内获取利益能力的动态性评价指标。在运用该方法对投资决策进行选择时，主要通过对比投资方案的内部收益率以及基准内部收益率的大小，如果投资方案的内部收益率较大，则该投资方案可选，投资方案的内部收益率越大则意味着该方案的投资效益越高；若投资方案的内部收益率比基准收益率小，则说明该方案不可选。

2. 评估投资回收期

投资回收期主要分为静态投资回收期与动态投资回收期。目前，主要运用动态投资回收期。在计算动态投资回收期时，需要知道各年的现金流入量与流出量的值，再将部门或者是行业的基准收益率或者折现率作为基准折算成现值，之后再进一步计算。利用该方法对投资项目进行评价，若事先就将投资回收期限限定好了，则再将投资方案的回收期与规定的期限进行对比，若投资方案在规定的期限之内，方案可行；若在规定期限之外，则该投资方案不可选。

3. 评估净现值

中小企业的净现值是指投资项目在整个投入期间，各年的净现金流量按照基准收益率折算成投资项目初期的现值的加总。利用该方法选择具体的投资方案时，若投资方案的净现值指标是正，则表明这种投资方案能够达到投资收益率大于基准收益率的目标，若净现值指标为负，则说明未达到目标要求。

4. 分析敏感性因素

敏感性因素分析是指对投资方案可能获得的利益影响最敏感的因素（如投资额度，产品产量、价格以及成本等）的变动进行分析，对投资方案的效益进行再次评价的方法。该方法的最终目的在于考察各个因素的指标在何种范围内变化，该投资方案还可以使得原有结论有效。因为，若超过了限定的范围则原投资方案的可行性可能就会发生改变。

第三节　中小企业资金耗费控制及收益分配策略研究

一、中小企业资金耗费控制策略研究

（一）中小企业资金耗费控制分析

虽然多数中小企业在资金耗费控制方面可能会有一些考虑，但是由于没有对应的内部控制制度，最终效果并不是很理想。具体说来，我国中小企业在资金耗费控制方面存在着这样几个问题。

1. 资金耗费控制观念落后

中小企业资金耗费控制理念的确定是其成长的核心和关键，必须要加强中小企业的资金耗费控制，这样才能有效地控制中小企业的成本，让其具有更大的核心竞争力。从管理层来衡量，中小企业尚未形成资金耗费控制的理念。如若管理层都没有这种理念，那么他的下属更加不可能对资金耗费控制有更深层次的理解和认识，企业就会因此丧失资金耗费控制的有效执行。

2. 缺乏有效的成本控制

和同种类型的其他大企业相比，中小企业的产品已经处于低价位了，如何在此基础上获得利润，这就涉及成本控制问题。在不降低质量的前提下，将中小企

业生产产品的成本控制在最低水平，是中小企业获利的有效途径。成本的控制是资金耗费控制的重要一环，同时也是中小企业必须重视的一环，最大程度地降低成本是中小企业在市场立足的必经之路。

3. 成本监督机制不完善

中小企业一般都无法获得足量高素质的人才，这就导致了企业专业会计工作者的缺乏。但是，成本监督机制的制定是需要专业会计工作者对企业的内部情况进行实地考察的，并对现实情况进行研究，之后才能制定出有效的成本监督机制。因此，中小企业的成本监督机制并不完善。在中小企业成长到一定阶段后，企业内部的相关制度会日益完善，这时成本控制机制必须得到有效的完善。

（二）中小企业资金耗费控制策略

1. 树立资金耗费控制思想

首先，中小企业在所有制性质方面大多都是民营企业，且规模都很小，投资者大多为中小投资者。中小企业在成长过程中经营的不确定性突出，且不具备国企的先天优势。虽然中小企业在市场中也有一席之地，但是竞争性却更加凸显。在我国当前经济环境下，价格决定了企业竞争能力的大小，通过对企业资金耗费的控制可以有效降低中小企业产品的价格，中小企业应予以充分的重视。

其次，资金不充分一直是困扰中小企业进一步发展壮大的障碍。在这样的客观现实面前，中小企业要想生存并发展壮大，不能仅将注意力放在外部融资方面，而要重视企业成本领先战略的确立。在企业内部建立起成本控制机制，能在一定程度上缓解资金紧张，使得资金能够更有效地被利用。中小企业以更加低廉的成本，更加有效的资金耗费控制，生产出具有更高价值的产品，能够实现资金运用方面的张弛有度。

最后，中小企业的成本、业务量以及营利间的关系是其经营管理过程中的根本问题，也是企业成长的决定因素。成本、业务量及营利在企业发展中始终具有重要的地位，并构成了中小企业生产经营的脉络，尤其对于中小企业来说。中小企业的主要经营对象就是产品以及服务，有效地解决中小企业所面临的微观和基本问题，是做好中小企业资金耗费控制工作的关键。

2. 改善我国中小企业资金耗费控制现状的对策

第一，将企业战略管理思想与资金耗费控制思想结合起来，将企业资金耗费控制放在战略高度上来。国内中小企业多将资金耗费控制限定在对成本的事中控制以及事后控制上，却将供应和销售两个重要环节忽略掉，对中小企业所在的价值链更是不加考量。所以，中小企业在对资金耗费进行控制的过程中，应该将资金耗费控制提高到战略管理层面，运用战略成本的信息选择合适的战略，不同的战略要匹配相符合的资金耗费控制策略，在资金耗费控制运作过程中加入战略管理的思想，将两者有效结合起来是当今中小企业的重要选择。

第二，全面树立起资金耗费控制观念，拓宽资金耗费控制的覆盖面。资金耗费的全面控制主要是指要进行全方位、全过程、全员参与以及多种方法相互结合的资金耗费控制。资金耗费控制的方法指的是不应仅将资金耗费控制局限在成本的核算方面，而应从成本的预测、决策、预算、控制、核算、考核以及分析等多个方面进行分析。在这几项工作当中，预测是中心，预测是决策的基础，决策是预算的基础，控制是达成决策目标的支撑，核算是对决策目标是否达成的验证，考核与分析是促使决策目标达成的有效监督手段。

第三，中小企业的资金耗费控制应着重事前控制，未雨绸缪。根据生命周期成本理论，企业在进行资金耗费控制时应该将开发设计作为控制的起点。吸收成本企划理论指出，应该将资金耗费控制放在企业经营业务的前端，直至顾客层面。中小企业若想把企业资金耗费控制降到最低，就应该防患于未然。要从资金耗费控制的开始就采取行动，若是等到成本已经耗费了再行动，就会非常被动，因为到那时进行资金耗费控制的空间很有限，而且很多东西已成事实无法改变，只能被迫算作成本。

第四，中小企业应该着力培养一批具有高素质，且能够与时俱进地适应不同环境下资金耗费控制需求的高水平队伍。资金耗费控制是要求有较强综合性的工作，因而对于工作人员的水平要求也很高。所以，应该有计划地对资金耗费控制工作人员进行培养，提高这些人员的工作水平。与此同时，还要在企业内部完善

考核及奖惩制度，以提高员工的工作积极性。将技术和经济二者结合起来，完善资金耗费控制队伍结构，遇到任何问题都争取在队伍内部加以解决。

二、中小企业收益分配策略研究

（一）收益分配分析

分配理论指的是负责分配的主体依据特定的原则将分配客体分配给参与分配的各参与者的一个分割过程，该理论构成了微观经济学的重要组成部分。分配理论的出现是为了解决效率以及公平的问题，不仅要提高企业的生产率，而且更重要的是要兼顾到社会的公平，以维持社会的稳定与发展。

1. 现代企业的收益分配模式

从现实工作中企业的具体分配状况来看，当今企业主要运用了三种分配制度：按要素分配、按劳分配、混合型分配。

（1）按要素分配

按照生产要素进行分配在私有企业中比较常见，同时在资本主义社会是一种最传统的方式。无论是萨伊所提出的劳动—工资、资本—利息、土地—地租的“三位一体”理论，还是马歇尔所提出的土地能够产生地租、资本能够产生利息、劳动能够产生工资、组织能够产生利润的“四位一体”理论，实质上都是按照生产要素来进行的分配。

（2）按劳分配

按劳分配是马克思主义的一项基本原则，是在社会主义条件下以公有制为主体的现实情况的分配方式。按劳分配制度和公共财产制度密切相关，劳动是进行分配的唯一指标，不提供劳动就无法获得报酬。与此同时，提供的劳动量与获得的报酬量之间具有对等关系，劳动作为分配的量尺，多劳者多得。在我国社会主义初期，公有制是主导，坚决排斥私有制度，所以，那时的主要分配方式就是按劳分配。

（3）混合型分配

混合分配方式是指在分配当中将按生产要素分配与按劳分配共同运用到分配

体系中的一种分配方式。在该分配方式下，在依据生产要素分配的基础上，再考虑人员、技术等其他因素所起到的关键作用，是一种多元的分配制度。从我国当前情况看，中小企业的产权形式多样，这就意味着分配方式也是多元的。

私有制的中小企业中，主要以按要素分配为主体，中小企业的所有者掌握着企业剩余价值的所有权。国有制的企业，以按劳分配为基础，同时要将技术、知识以及能力等重要因素的影响考虑进来。

2. 我国中小企业收益分配的特点

首先，对于中小企业来说，如果单从分配主体间的矛盾来说，其呈现出与大企业同样的状态，都涉及国家、投资者、管理者、员工以及创业者等，但是，收益分配的矛盾却是不一样的。不同所有制性质的中小企业进行利润分配的侧重是不一样的，呈现出相异的利润分配特点。对于独资企业来说，没有创建者和管理层之间的委托代理关系，分配的主体是创建者与国家、创建者与员工。在合伙制企业内部，分配主体主要是创建者与投资者、创建者与员工。对于有限责任公司来说，不太会存在创建者与管理层之间的分配矛盾，因为这种矛盾并不是很凸显。有限责任公司的分配主体主要存在于创建者与国家以及创建者与职工之间。

其次，单从中小企业自身来看，其对利益的分配具有很大的灵活度，且和企业主导产品的生命周期有很大关系。正常情况下，中小企业在纳税完毕后，剩余的收益都由中小企业自己决定。对于独资企业以及合伙企业来说，利益分配的时间和形式都是不固定的。在独资企业内部，中小企业的所有权全部归于创建者，在中小企业的成长初期，由于其需要尽快发展壮大，创建者几乎不太分配利润，而是将更多的收益用于企业自身发展。到了中小企业的成长后期，由于产品在市场上已占有一席之地，且企业的收益稳定，不再需要进一步增加投资，因此，此时利润分配的比例是较大的。对于中小企业来说，其多数在成长的初期，所以利润分配的量还是比较小的。

最后，对于股份合作形式的中小企业来说，其利润分配主要是按劳分配与按资分配相结合，是一种混合形式的分配制度。所谓的股份合作制是指在合作制的基础上，吸收股份制的相关因素的一种制度。当前情况下，股份合作制的中小企

业进行收益分配主要是按劳分配和按股分配两种方式共同运用。对于股份合作制的中小企业员工，由于是企业的劳动者，因此采取按劳分配的方式。但与此同时，企业的员工还同时持有企业股份，是企业的股东，所以还可以根据自身所持有的股份分配企业的剩余价值。

（二）中小企业发展不同阶段的收益分配策略

1. 种子期的收益分配策略

中小企业在种子期的主要活动是产品的研发，在该阶段企业无法获得收入，仅有资金的支出，尚处于亏损期。该阶段中小企业必须承受很大的风险，较难从外部获取资金。因此，种子期的中小企业基本不需要考虑收益分配的问题，若企业获得了利益，则应把所获利益的多数用于企业的日常运营，利润分配方面可以采用低支付率的利润分配方式或是不对股利进行分配的方式。

2. 创建期的收益分配策略

中小企业在创建期的主要活动是产品的试生产，企业产品的市场还没有打开，销售的网络也没构建好，中小企业此时由种子期的亏损慢慢向盈余转变，但所获的利润非常少。在该阶段，企业的盈余处于未定状态，且获取债务的能力很弱，但创建期的中小企业具有较好的获取投资的机会，企业应想方设法吸引较多的投资者对企业投入资金，因为企业在创建期需要的资金还是很多的。在这种情况下，处于该阶段的中小企业应当运用低股利支付率的分配策略或是股票股利分配的策略。

3. 成长期的收益分配策略

成长期中小企业的产品已经能够在市场上占有一席之地，且具有稳定的市场需求量，产品也进入批量生产的阶段，企业的收入自然而然会获得增长，企业的利润也会持续增加，在该阶段企业具有稳定的盈利。成长期的中小企业所遇到的不确定性因素减少了，风险水平也降低了，因此会有一定的举债能力。但是，由于企业的批量生产，企业的资金还是被大量占用，企业常常会碰到难以为继的状况。因此，中小企业在成长期就应维持较低的资金成本，充裕的流动资金，以保证自身快速发展的速度。在分配策略方面，中小企业应该运用剩余股利政策，使得企业的加权平均资本的成本能够达到最低水平，进而为中小企业的持续稳定成长提供保证。

4. 成熟期的收益分配策略

中小企业在成熟期的成长潜力已得到充分体现，企业的业绩高速增长，经营的风险水平大幅度降低，同时，由于该阶段中小企业的规模扩张和效益增长，企业会获得大量的盈余。此外，伴随中小企业经营业绩的持续增长，企业的发展前景逐渐广阔，企业的融资渠道也在拓宽。成熟期的中小企业在资金管理方面应实现企业的价值最大化，可按照现代资本结构理论的指导来选取适当的融资方式，达到资本结构的优化，获取最大的经济利益。因此，处于成熟期的中小企业可以选择较高的利润分配方式或是低正常股利加额外股利的策略。

第五章　中小企业财务管理中的税收筹划

第一节　财务管理与税收筹划

一、税收筹划的基本理论

（一）税收筹划的含义

当前无论是理论界还是实务界，都没有对税收筹划做出一个较为权威的定义，我们也难以从较为权威的词典或教科书中找到关于税收筹划的全面说明。虽然现有文献对于税收筹划的表述存在一定的差异，但其思想精髓是一致的，都强调税收筹划是通过有目的的事前筹划，从而减少税负，以达到利润的最大化。立足于前人的研究，结合我国企业发展的现状，笔者认为，税收筹划是纳税人在不违反基本的税收法律、法规规定的前提之下，通过对当地税法的仔细研究，找出税法中“允许”和“不允许”项目，通过这些项目的合理安排，达到降低企业整体税负的过程。税收筹划是一项涉及企业经营、税收法律、企业财务的综合经济行为，其主体是纳税人，而不是征管机关。这意味着税收筹划只能是企业单方面的行为，而不是税收征管机关基于国家税收利益而采取的涉税措施。

（二）税收筹划的特点

从以上税收筹划的定义可以看出，税收筹划具有以下几个方面的特点。

1. 合法性

税收筹划并不是引导企业进行偷税、漏税等违法活动，而是要求企业必须遵守基本的法律规范，做到与当前的税收法律、法规不违背，不能采取隐瞒、虚报、欺骗的方式达到减税的目的。与此同时，税收筹划的合法性还表现在税收执法机关不能阻止纳税人的合法税收筹划行为，不能非法没收纳税人通过税收筹划获取的税收收益。正是税收筹划具有合法性的特点，要求纳税人在进行税收筹划之时，要通晓当地的税收法律，并能够准确区分合法与非法的界限。

2. 目的性

有的学者认为税收筹划是一种理财活动，有的学者认为税收筹划是企业财务管理的一部分，这都充分说明税收筹划具有明显的目的性。从本质上分析，税收筹划都是围绕财务管理目标进行的，其核心目的是减少企业税收支出，增强企业利润。

3. 专业性

税收筹划是纳税人对国家税收法律与政策的积极运用，这就意味着进行税收筹划不仅仅要了解当地的税收法律与政策，还需要精通各种财务管理的原理和方法，只有将各种手段综合起来运用，税收筹划才能达到既定的效果。这无疑对企业专门从事税收筹划的人员提出了较高的要求，而当前大多数中小企业并没有配备如此专业的人员，这显然是阻碍中小企业进行税收筹划的重要因素之一。

4. 预期性

税收筹划是对未来企业未来纳税的实现规划，与具体履行纳税义务相比，税收筹划通常具有前瞻性，因为企业只有在发生具体而真实的交易行为之后，才会产生与之对应的纳税义务。因此，从这个意义上讲，税收筹划是对企业未来进行经营活动的一种预期安排。

（三）税收筹划的目标

税收筹划的目标直接决定着企业战略管理的方向，对税收筹划的目标进行准确的定位，有助于企业合理、科学地开展税收筹划工作。当前，学术界和实务界对于税收筹划的目标有多种观点，有的认为税收筹划的目标是最大程度地降低税收，有的认为是为企业争取资金时间价值，有的认为是实现涉税零风险，等等。由于每个企业在组织形式、资产规模、产权结构以及管理水平方面都具有较大差异，因此，企业税收筹划的目标可能有所区别。总体而言，本书认为税收筹划的目标主要体现在三个层次，即基础目标、中间目标以及最终目标。

1. 基础目标

企业进行税收筹划的基础目标主要有两个。一是尽量避免多缴纳税收。在企业建立之初，如果纳税人不了解基本的纳税方法，加之税务机关基于提前完成税收任务的目的，很容易让纳税人多缴税。因此，纳税人了解基本的税收法律、政策以及纳税方法，可以有效避免多纳税的情况出现。二是规避税收风险。在市场经济环境不断变化的情况下，税收制度往往具有变化性，如果国家税收法律或政策发生变化，而企业没有及时采取相应的措施予以应对，这就可能使得企业遭受严重的税收风险。因此，通过税收筹划，可以使得企业对当前的税收环境有一个深刻的认识，从而一定程度上化解税收风险。

2. 中间目标

企业进行税收筹划的中间目标主要是实现纳税最迟化。纳税最迟化与欠税不同，纳税最迟化是企业在税法允许的时间范围内，通过合理的税收筹划，使得尽量延迟缴税的时间。当前中小企业资金较为紧张，在特殊时期，一定程度上的延迟缴税时间可以为中小企业提供更多的现金流，以保障其日常经营顺利进行。

3. 最终目标

从上述分析可以看出，税收筹划的基础目标和中间目标都是以经济利益为中心的，只有实现一定的经济利益，企业才能获得更多的发展动力。当然，税收筹划最终目标不应仅仅局限在获取税收收益上，而是在充分考虑企业资金的时间价值和资金风险的基础上，在财务管理的过程中，通过对涉税项目的合理筹划，既实现企业的短期利益，又兼顾企业的长远利益，从而把企业做大做强，实现企业

价值的最大化。

因此，虽然每个企业在进行税收筹划活动的安排时，有着不同的目标倾向，但大致上可以按照这三个方面的目标进行税收筹划。

（四）税收筹划的原则

在我国当前税收体制和财务管理的体制之下，税收筹划必须坚持以下几个方面的原则。

1. 整体性原则

从目前我国的税制来看，其呈现出的鲜明特点是多税种、多层次，企业往往面临的不是一个税种，即便是同一项收入所得也可能面临多个税种。因此，企业在进行税收筹划之时，如果没有采取恰当的策略，往往就是个别税种纳税额有所降低，而其他税收的纳税额却大幅度提高，最终使得税负不仅仅没有减少，反而有所增加。这就要求企业在进行税收筹划时，要坚持整体性的原则，综合考虑企业的当前利益和长远利益，站在实现企业整体财务目标的角度，进行税收筹划方案选择。

2. 成本效益原则

企业进行税收筹划的直接目的在于实现企业利益的最大化，但具体到企业在进行每一项税收筹划之时，其方案都会具有两面性，一方面可以为企业增加税收收益，但在另一方面，企业也必须为该项税收筹划支付相应的成本。这就要求企业在正式实施该项税收筹划之前，有必要进行该项税收筹划方案的收益与成本分析，从而确保企业选择最优的税收筹划方案。

3. 风险防范原则

在当前国际经济环境错综复杂的情况下，我国的税收政策也将呈现出变化的特点，加之企业税收筹划行为原本就是游走在税收政策的边缘，其面临的风险可想而知。因此，这就要求企业在进行税收筹划时，除了掌握税收筹划技巧之外，还必须及时关注税收政策的变化，并与税务部门保持联系，以建立一个系统的税收筹划风险防范系统，加强对税收筹划风险的预测，以保证企业可以及时修改税收筹划方案，尽量降低风险。

（五）税收筹划的类型

对税收筹划的类型进行分析，可以为企业在进行税收筹划方案设计时，提供一定的税收筹划形式选择的指导。具体而言，税收筹划主要包括以下几种类型。

1. 节税筹划

作为一种合法节税方式，节税筹划是指充分利用当前税法中的优惠条件，通过对各项经营活动的科学安排，达到少纳税或不纳税的目的。对节税筹划影响最大的就是国家的税收优惠政策，作为国家调节宏观经济的重要手段，税收优惠是指国家为了达到某种特定的政治、经济、社会目的，在征收税收过程中，对纳税人实施的税收鼓励。通常而言，企业在节税筹划中要做好低税环境的选择，低税环境在不同的行业、不同的区域以及不同的产品种类之间都具有很大的差别。目前我国低税区域主要集中在经济技术开发区、沿海开放城市以及经济特区。因此，中小企业在进行节税筹划之时，可以充分考虑这些税收优惠条件。

2. 避税筹划

与节税筹划相比，避税筹划是一种非违法方式，即纳税人立足于对现行税法充分了解的基础上，通过专业的会计财务策略，对企业的各项经营活动进行合理安排，以达到规避税收或减少税收的目的。从国家层面来讲，避税筹划会减少国家的税收收入，但从纳税人的角度来讲，不仅可以增加纳税人一定的税收利益，还可以增强其税法意识，主动了解国家的税收法律政策，正确运用会计核算规则，利于企业的长远发展。

3. 税负转嫁筹划

税负转嫁筹划是指纳税人利用纯经济的手段，通过商品价格的调整和变动，将税负转嫁给消费者或者其他市场主体承担的经济行为，以达到减轻税负的目的。例如，纳税人通过压低进货价格或提高销售价格，将税负转嫁给供货商或购买者，

就是典型的税负转嫁。税负转嫁的方式受产品的供给弹性、需求弹性、产品课税制度以及市场结构等多种因素的影响。税负转嫁筹划并没有损害国家的税收利益，只是改变了不同经济主体税收的承担状况。因此，企业应根据生产产品的特性，制定出合适的税负转嫁筹划策略。

二、财务管理与税收筹划的关系分析

无论是财务管理还是税收筹划，都是现代企业管理不可分割的一部分，都是事关企业生死存亡的大事。总体上来说，企业财务管理与税收筹划之间是相互影响、相互联系的。具体而言，二者之间的关系主要体现在以下几个方面。

（一）税收筹划影响财务管理目标的实现

现代企业要在市场上立足，必须实现企业价值的最大化，而要实现企业价值的最大化，降低成本是企业必须关注的难题。税负的高低直接影响企业经营过程中的成本支出，只有在财务管理的过程中，事先做好各项税收项目的筹划，兼顾企业当前利益和未来利益，尽量降低企业的税收负担，由此，才能实现企业财务管理目标。

（二）税收筹划影响现代企业的财务管理决策

在当前企业财务管理中，其主要内容通常包括筹资决策、投资决策、利润分配决策以及生产经营决策等内容，这些决策的实施必然会对企业的发展造成很大的影响。更为重要的是，这些决策与税收筹划息息相关。在企业筹资决策中，通过不同渠道、不同方式进行融资都会影响企业税负，如成本列支是在税前还是税后，所承担的税负就将有所不同。因此，企业在筹资决策阶段必须选择最优的融资结构。在投资决策中，无论是投资行业、投资区域还是投资方式的选择都与当地税收政策密切相连。在利润分配决策中，采取何种途径对利润进行分配，何时利用利润弥补亏损，都受到税法相关规定的影响。在生产经营决策中，生产规模控制、购销时间控制、存货管理以及成本费用决策等无一不涉及企业税负。由此，只有进行了合理的税收筹划，才能保证现代企业财务管理的各项内容得到落实。

（三）税收筹划有利于提高企业财务管理水平

企业税收筹划的重点主要是围绕着企业财务资金展开，最终目标在于实现企业利益的最大化。而在当前的条件之下，税收筹划对企业的财务管理水平要求较高，从而促使企业必须引进税收筹划方面的专业人才，这样才能保障税收筹划的顺利进行。因此，从这个意义上讲，正是税收筹划的存在，使得企业不断引进专业的财务管理人才，促使了财务管理水平的提高。

第二节　中小企业财务管理中的税收筹划现状及原因

一、中小企业财务管理中税收筹划现状分析

（一）中小企业财务管理中税收筹划取得的成就

作为市场经济发展的必然产物，税收筹划顺应了我国经济改革与发展的要求，虽然与国外相比，我国企业税收筹划工作起步较晚，但我国也在经济不断发展的过程中，为中小企业财务管理中进行税收筹划创造了一系列条件。依托这些有利条件，我国中小企业税收筹划亦取得了一系列成就。

1. 财务会计核算已具备税收筹划的条件

企业的财务会计核算水平的高低直接决定了企业进行税收筹划的成败，当前我国中小企业都将财务会计核算置于企业发展的重要位置，虽然与上市公司或其他大型企业相比，大多数中小企业的财务报告并没有向外界公布，但中小企业无疑都将财务会计作为企业内部控制建设的重点内容，积极纳入财务管理之中。依托工作上的便利条件，笔者对 50 家中小企业进行了走访，其中除了 3 家中小企业的会计核算由外部记账代理机构承担以外，其余的 47 家中小企业都设有专职或兼职的会计，其中有 25 家中小企业设置了专职的会计进行会计核算。不仅如此，

50 家中小企业中有 41 家采用计算机记账，这也表明中小企业的会计核算水平在不断提高。近年来，随着国家在高等院校和中专院校大规模增设财会专业，培养了一大批财会方面的专业人才，他们逐渐进入中小企业工作，为中小企业的会计核算水平的提高提供了保障。与此同时，我国目前正在积极推行会计职业资格准入制度，这对于加强会计人员的专业素养也具有很大的推动作用。正是有了这些条件，中小企业开展税收筹划有了专业化的人才保障。

2. 中小企业开展税收筹划的愿望强烈

在竞争日益激烈的市场环境之下，中小企业急需国家的扶持，才能在市场上有一席之地。当前国家扶持中小企业的重要策略之一就是减轻中小企业的税负，对于符合条件的中小企业，提供一定的税收优惠支持。这就需要中小企业在经营过程中，善于利用国家的税收政策，而这就必然涉及税收筹划。因此，从这个角度讲，中小企业有着开展税收筹划的强烈愿望。前面已经论述，大多数中小企业已经建立了较为规范的会计核算体系，加上日益专业化的财务会计人员，中小企业已经为开展税收筹划创造了一定条件。

虽然我国中小企业初步具备进行税收筹划的条件，但由于我国企业系统开展税收筹划的时间不长，加之市场环境不成熟的因素，中小企业税收筹划尚处于探索阶段，没有形成良性的税收筹划运行机制，在税收筹划过程中还面临诸多难题。

（二）中小企业财务管理中税收筹划存在的问题

1. 观念上存在偏差

由于国外税收筹划理论出现较早，因此国外的市场主体对于税收筹划十分重视。但在我国，即便是在市场经济已经发展了很多年的情况下，人们对于税收筹划的认识仍然存在着一定的偏差，这严重影响着中小企业开展税收筹划活动。具体而言，当前很多中小企业认为税收筹划是一次性行为，并没有将税收筹划纳入企业的日常管理活动之中，如很多中小企业认为只是在企业设立或投资时才需要进行系统的税收筹划。这是一种认识上的误区，西方国家企业都积极将税收筹划与财务管理紧密结合起来。事实上，税收筹划作为影响企业经营成本的重要因素之一，只有将其纳入日常的财务管理过程之中，企业才能在进行财务决策之时，做出正确的选择。

2. 税收筹划目标过于单一

当前，大多数中小企业认为税收筹划的目的主要在于减轻企业的税收负担，把追求单个税种的税负最小化作为了企业进行税收筹划的根本目标。在我国市场经济发展还不成熟的阶段，减轻税负成为市场经济中较为流行的习惯性用语。其实，如果中小企业仅仅以减轻税负为税收筹划的目的，这是一个认识上的误区，因为中小企业只有降低了整体税负，才能获取最大的税收收益。而中小企业如果只坚持减轻税负这一理念，很容易将目标集中于单个税种的筹划之中，而忽略企业整体的税收筹划，最终难以实现企业税收收益最大化的目的。中小企业的经营活动是一个系统而复杂的过程，受多种税收政策的影响，因此，中小企业在税收筹划过程中不应仅仅局限于降低税负的目标，在税收筹划中只是简单地考虑税收筹划的成本与效益，而应将税收筹划与企业的财务管理活动、经营活动紧密结合起来，充分考虑中小企业的市场环境与资源配置状况，制订出科学的税收筹划方案，最终实现企业利益的最大化。

3. 税收筹划方法选择不到位

中小企业因纳税能力、财务管理水平以及经营方向的不同，在税收筹划方法选择上必然会有所区别。当前中小企业在进行税收筹划时，对选择何种税收筹划方法缺乏科学而详细的评估，导致有些中小企业选择了一些不适合自身的税收筹划方法，难以实现税收筹划的目标。笔者在对一些中小企业进行走访时发现，少数的中小企业利用非正常的方式来达到税收筹划的目的，如设置两套账簿，对内一套，对外一套，以会计做假的方式来进行税收筹划安排。与此同时，有的中小企业管理者将会计做假作为税收减负的重要途径，设置对外账簿的主要目的就在于进行纳税申报。从本质上讲，通过设计假账簿来达到减税的目的并不能称之为税收筹划，而是一种偷税或漏税的违法行为。这不仅仅达不到减税的目的，反而还要遭受国家法律的制裁，最终让中小企业走上灭亡的道路。

4. 税收筹划环境差，水平较低

我国当前税收法律、法规、政策呈现出变化的特点，加之整个国家行政区域较多，除了国家层面的税收法律、政策之外，地方也制定相应的税收政策。在如此背景之下，我国税收管理人员的自由裁量权相对较大。因此，中小企业在面临税收筹划问题时，首先想到的往往不是从企业自身经营中去寻找解决问题的突破口，而是先是拖人情，找税务局的相关人员解决问题，然后才是找专业的税收筹划人员解决问题。由此可以看出，中小企业税收筹划的环境营造还有很长的路要走。

虽然我国已经有一部分中小企业在进行税收筹划活动，但还有很多企业仍然没有正式开展税收筹划，其整体税收筹划水平偏低。具体而言，中小企业税收筹划水平低下主要表现在以下几个方面。一是很多中小企业没有将税收筹划纳入财务管理过程之中，财务管理与税收筹划脱节，使得中小企业遭受了不必要的税负。二是对国家相关的税收优惠政策了解不全面，税收筹划方案呈现出一定的滞后性，如在 2008 年 1 月 1 日我国开始实施新的所得税法之后，我国中小企业在进行税收筹划之时，就不能沿用原有的税法，而有些中小企业由于没有配备较为专业化的税收筹划人员，对税法的变化反应较为滞后，制订出的税收筹划方案当然不能发挥实际的作用。三是财务管理系统建设较为落后，现在大部分中小企业只是通过计算机进行记账，而并没有建立现代化的财务管理系统，难以满足进行税收筹划的条件。

5. 专业性的人才缺乏

当前中小企业开展税收筹划主要有两种途径：一种是企业依靠自身财务人员，进行税收筹划活动，此种途径对于企业财务人员的要求较高；另一种途径就是委托专门的税务代理或咨询机构进行企业的税收筹划活动，由于此种途径相关的收费标准较高，而中小企业难以承担如此较高的代理税收筹划费用，因此在我国聘用税务代理机构进行税收筹划的一般都是大型企业，中小企业少有涉足。虽然我国中小企业的财务管理人员水平在不断提高，但税收筹划工作专业性较强，而且对人才综合素质要求较高，不仅仅要精通财务会计方面的知识，还需要精通国家相关的税收法律与政策。而这样的人才在市场上较为稀缺，且需支付薪金较高，一般中小企业难以聘请到如此专业的人才，这也是阻碍中小企业进行税收筹划的重要因素之一。

二、中小企业财务管理中税收筹划存在问题的原因分析

中小企业财务管理中税收筹划存在问题是多方面的原因造成的，对这些原因展开分析，可以对中小企业税收筹划问题有一个准确的定位，以在设计解决方案之时，采取有效、有针对性的策略。笔者认为，造成中小企业财务管理中税收筹划存在问题的原因主要有以下几个方面。

（一）思想上的不重视意识

中小企业在财务管理工作中，对于税收筹划的重视程度，直接决定了企业的税收筹划成效。但整体而言，中小企业在开展财务管理工作中，将税收筹划置于边缘地带，重视程度偏低，认为只要在财务管理中，将账做好，就可以达到税收筹划的目的。2010 年，某市国税局进行了一项与纳税人零距离的调查，在纳税服务大厅向 2 000 名中小企业纳税人发放调查问卷，在回收的 1 820 份问卷中，仅有 425 名被调查对象表示希望税务机关开展税法培训班，仅占回收问卷的 23.3%。其中企业总经理明确表示愿意参加税收培训的仅有 78 份问卷，其余的都是表示委派财务经理或税务专员参加。这反映出当前中小企业管理者在思想上不是很重视税法的相关学习，更谈不上对税收筹划的重视，只是把这当作财务人员的工作。中小企业有此观念受我国传统熟人关系社会的影响，认为税收筹划远不如多多认识税务局熟人效益高，导致中小企业不愿意在税收筹划方面进行一定的投入。

（二）税收筹划方法不合法

当前中小企业税收筹划出现问题，与当前我国税收执法水平也密切相关。在我国一些基层地区，税务机关在进行税务执法时，不能严格按照法律办事，各种

执法不严、违法不究的税收执法事件频发。不仅如此，我国有些基层税务征管人员的业务素质不强，在针对中小企业的查账过程中，难以及时发现中小企业的各种偷税、漏税。即使发现了，由于中小企业进行了相应的公关，对其的处罚力度偏小。这就使得有些中小企业认为税收筹划根本没有必要，在偷税和漏税违法成本较低的情况下，众多中小企业敢于冒险进行偷税或漏税，而不是通过税收筹划的方式减少税负。因此，要使得中小企业在财务管理中逐渐将税收筹划纳入日常工作，加强我国整体的税收执法水平也显得尤为重要。

（三）管理人员知识结构不合理

梳理我国中小企业的发展历程可以发现，我国中小企业很大一部分都是从最初的个体工商户发展起来的，所以，现在我国有些中小企业的经营模式仍然是家庭作坊式的经营。而与现代企业相比，如此发展起来的中小企业管理者的知识结构显然与现代企业相比有些跟不上。

税收筹划深受国家宏观税收政策的影响，需要中小企业管理者每时每刻关注税收政策方面的动态，才能在税收筹划过程中把握准确的方向，这也反映出及时更新中小企业总经理知识结构的重要性。

（四）开展筹划业务的中介较少

在市场经济发展较为成熟的西方国家，有很多税务中介机构为中小企业提供税收筹划咨询服务，以化解中小企业在税收筹划中的技术性难题。但相对来说，我国当前专门从事税收筹划业务的税务中介较少，目前主要有三类，一类是会计师事务所，一类是税务师事务所，还有一类是律师事务所，其中以会计师事务所涉税项目居多。但是，我国当前会计师事务所的业务仍局限于传统业务，对于税收筹划咨询，由于相对其他项目而言，其收益较低，因此，很少会计师事务所愿意提供税收筹划咨询业务。按照一般逻辑，税务师事务所理应承担主要的税收筹划服务，但目前我国税务师事务所基本上是由原来税务局事业单位改制而来的，不仅仅从业人员数量偏少，而且很多都是人员知识结构都停留在原有的税法上，不能适应现代中小企业发展的需要。不仅如此，截止到 2012 年 12 月，我国登记的税务代理机构一共有 2 800 多个，从业人员有 7 万余人，而其中注册税务师仅 2 万余人，远远不能满足现代中小企业开展税收筹划咨询的需要。

（五）税务机关检查较少

依照我国当前的税法规定，对企业的税务检查工作只能由税务稽查部门进行，而分析当前我国税务稽查部门的工作人员可以发现，其工作人员与数量庞大的中小企业相比，根本不可能实现对全部中小企业进行税收检查，只能选取很小一部分企业进行检查，针对中小企业的税务稽查具有严重的滞后性。根据太原市地方税务局的相关统计数据表示，每年最多只能对市内 10% 左右的中小企业进行税收稽查。相对而言，太原市地税局稽查的中小企业比例还是偏高的，根据国家税务局 2012 年公布的相关数据显示，2012 年全国税务机关共对 123 万家企业进行检查，查处税收违法案件 21.4 万件。我国当前中小企业数量早已超过 3 000 万余家，这说明全国范围内，税务机关对中小企业进行检查的比例还不到 5%。正是因为如此，很多中小企业抱有很大侥幸心理，认为被检查的概率极低，自然不愿意依法纳税，而是通过违法的方式进行偷税或漏税，税收筹划便无从谈起。

第三节　中小企业财务管理中税收筹划案例分析

为了体现研究的实际应用性，本书选择了的一家生产型的中小企业作为实证分析对象，对其在财务管理中的税收筹划问题展开研究。基于公司相关信息的保密要求，本书以 M 公司代替公司名称。

一、公司背景

（一）公司简介

M 公司成立于 1998 年，注册资本 1 000 万元，是一家专业化生产金刚石及制品原材料的国家级高新技术企业，具有十余年金刚石原辅材料研发、生产和销

售的经验。公司生产的主要产品有：人造金刚石专用粉体材料、触媒合金粉、多元素预合金粉、金刚石工具专用烧结模具、金刚石单晶、金刚石微粉、金刚石工具等。

公司占地面积 4 000 平方米，现有员工 260 人，其中专业科研技术和管理人员 60 余人。公司先后申报了多项专利成果，目前拥有自主知识产权发明专利 4 项，实用新型专利 10 项，聘请国内外优秀专家组建顾问团队，与国内外多所知名院校和企业进行合作，为公司产品创新和可持续发展提供了坚实的技术保证和智力支持。

（二）财务状况

M 公司 2010—2012 年主要财务指标如表 5-1 所示。从表 5-1 可以看出，2011 年和 2012 年，M 公司资产负债率分别达到 89.27% 和 93.02%，与 2010 年相比，呈现出大幅上升的趋势。作为一家中小企业来，M 公司如此高的负债率，要求在财务管理中积极运用相应的措施进行税收筹划，避免过重的税负。

表 5-1　M 公司 2010—2012 年主要财务指标

项目 \ 年份	2010	2011	2012
资产负债率 /%	47.60	89.27	93.02
股东权益比率 /%	50.90	9.79	6.11
净资产收益率 /%	27.93	−17.99	18.12

2012 年，M 公司实现总收入 97 390 146.09 元，其中主营业务收入 85 893 503.31 元，其他业务收入 11 496 642.78 元，净利润 5 405 219.64 元。具体指标如表 5-2 所示。

表 5-2　M 公司 2012 年收入与利润指标　　单位：元

项目	金额
主营业务收入	85 893 503.31
其他业务收入	11 496 642.78
主营业务利润	8 763 981.30
全年利润	8 045 371.84
净利润	5 405 219.64

2012年，M公司主营业务成本支出共74 272 721.85元，期间费用9 647 069.18元，其中各项费用如表5-3所示。

表5-3　M公司2012年费用水平　　单位：元

主营业务成本	74 272 721.85
期间费用	9 647 069.18
营业费用	3 320 058.89
管理费用	9 109 020.35
财务费用	–2 782 010.06
职工福利费	1 496 774.07
列支业务招待费	315 824.48
广告费和业务宣传费	30 684.25
折旧摊销费	6 016 007.18

（三）公司涉税状况

M公司所涉及的税种主要有增值税、营业税、企业所得税、个人所得税以及印花税，具体如表5-4所示。

表5-4　M公司涉及的主要税种

税种	税率
增值税	17%
营业税	5%
企业所得税	25%
个人所得税	免征额3 500元，7级超额累进税率（3%、10%、20%、25%、30%、35%、45%）
印花税	0.005%、0.03%、0.05%、0.1%
教育费附加	3%

2012年，M公司共纳税50 408 309.04元，其中增值税项目共纳税38 651 595.50元，在总税负中所占比例最高，达到76.68%，如表5-5所示。

表 5-5　2012 年 M 公司纳税情况　　单位：元

税种	缴纳税额
增值税	38 651 595.50
营业税	3 584 400.48
企业所得税	2 452 342.71
个人所得税	4 878 740.43
印花税	207 650.08
教育费附加	633 579.84
总计	50 408 309.04

随着 M 公司近年来销售收入的不断增加，公司承担的税负也有所增加。据悉，2012 年 M 公司的营业收入较之前实现翻番，但同时，其税负也以数倍增长，因此，在财务管理中进行相应的税收筹划对于 M 公司来说尤为重要。

二、公司财务管理中的税收筹划

（一）筹资中的税收筹划

筹资是企业经营中必然面临的问题，筹资也是企业财务管理活动中的初始环境。根据获得资金权益特点不同，可以将筹资分为债务筹资和股权筹资两种。债务筹资主要包括借款、商业信誉、融资租赁以及发行债券，股权筹资主要包括发行股票、直接投资、利用留存收益等。企业选择不同的筹资方式，将给企业带来不同的税负，如如果企业利用权益进行筹资，那此种筹资方式就不能抵税，其在税前不能扣除股利支付，只能在净利润之后进行列支。因此，选择筹资方式对于企业十分重要。由上述 M 公司财务指标分析可知，当前 M 公司资产负债率很高，一般而言，资产负债率在 40% ～ 60% 为适宜水平。M 公司作为一家中小企业，向银行借入资金是常用的融资方式，与大企业相比，M 公司不具有利用股票进行融资的条件。下面以 M 公司在银行借贷 300 万元人民币为例，具体分析如何进行税收筹划。假设 M 公司贷款时间为 5 年，依照当前的利率计算，年利率为 6.4%，贷款项目预期年收益为 15%，现有以下四种偿本付息的方案。

方案一：期末一次性偿还本金和利息。

方案二：每年偿还等额的本金和利息。

方案三：每年偿还本金 60 万元及期末利息。

方案四：每年支付等额利息 19.2 万元并在第五年末一次还本。

方案一中 M 公司需缴纳企业所得税 28.98 万元，需归还本息 409.11 万元，现金流量为 –438.09 万元，扣除企业所得税的收益为 86.91 万元。方案二中 M 公司需缴纳企业所得税 41.11 万元，归还本息 360.6 万元，现金流量为 –401.71 万元，扣除企业所得税的收益为 123.31 万元。方案三中 M 公司需缴纳企业所得税 42.1 万元，归还本息 357.52 万元，现金流量为 –399.62 万元，扣除企业所得税的收益为 126.3 万元。方案四中 M 公司需缴纳企业所得税 32.25 万元，归还本息 396 万元，现金流量为 –428.25 万元，扣除企业所得税的收益为 96.75 万元。据此可以判断，虽然方案一使得 M 公司所缴纳的税额最少，但给企业带来的收益最少，而且现金流量最低。而方案三使得 M 公司需支付最多的企业所得税，但给 M 公司带来的收益最多，而且现金流量最高。因此，综合而言，M 公司在其他条件一致的情况下，在财务管理中，应选择第三种方案进行税收筹划。

（二）投资中的税收筹划

投资收益是现代财务管理关注的重点内容，而税收直接影响着投资收益。基于此，对于中小企业来说，在投资活动中开展税收筹划也具有重大的现实意义。与筹资中的税收筹划相比，投资中的税收筹划问题相对更为复杂，不仅仅要正确分析企业本身的实际情况，还要对国家、地区的税收优惠政策有一个准确的把握，以选择最优的注册地点和投资方式。随着企业经营规模的扩大，M 公司准备设立子公司，以扩大经营。M 公司拟在 2014 年初在山西境内选址，投资 800 万元设立子公司，预计子公司在 5 年内可以实现利润 80 万元、90 万元、100 万元、110 万元、120 万元，那么在设立子公司的过程中，M 公司应该如何进行税收筹划，本书提出了相应的方案。

在我国实施新的企业所得税法之后，将原来的税收优惠政策进行了一系列的整合，打破了过去外资企业与国内企业实施差别化的企业所得税的局面。但与此

同时，我国各地为了促进当地的经济发展，都出台了一系列优惠政策。当前与M公司相邻较近的是榆次经济技术开发区，榆次经济技术开发区内对新设企业有一定的税收优惠政策，除享受国家级开发区优惠政策外，新投资的工业企业从取得税务登记证之日起，五年内缴纳的企业所得税地方留成部分，由开发区财政按年度等额支付给该企业。M公司如果将子公司设立在与母公司较近的榆次，能够获取较大的税收优惠。

（三）资金运营中的税收筹划

1. 销售环节的税收筹划

销售环节即M公司提供项目劳务的环节，当前M公司在计算项目成本的过程中，采用的是完工百分比法，因此，劳务收入的计算方式也是按照此种方法。2012年3月，M公司与一家高新技术企业签订了一份总额为200万元的项目合同，总成本160万元，其中2012年成本100万元，2013年成本60万元。

下面提供三种不同的成本计算方法进行分析，以确定税负最小的税收筹划方案。

方案一：依据项目完工的进度计算。

该项目到2012年12月，完工进度达到75%，那么2012年确认的收入就是150（200×75%）万元。余下的25%在2013年完成，2013年确认收入50（200×25%）万元。

方案二：依据已提供劳务占总劳务的比例计算。

该项目到2012年12月，已提供劳务占总劳务的60%，2012年确认收入120（200×60%）万元，2013年确认收入80（200×40%）万元。

方案三：按照实际发生的成本占总成本的比例计算。

2012年12月，该项目实际发生成本占总成本的62%，2012年确认收入124（200×62%）万元，2013年确认收入76（200×38%）万元。

方案一支付的企业所得税最多，方案二和方案三虽然支付的企业所得税一样多，但其需要以连续提供劳务为基础，这种计算方法一般不被税收征管部门认可，所以，综合而言，M公司应选择方案三进行税收筹划。

2. 收入结算方式的税收筹划

除了在销售环节进行税收筹划，企业还可以通过对结算方式的合理安排，达到税收筹划的目的。通常而言，收入结算方式进行税收筹划主要是推迟纳税时间，虽然这个过程并不会减少企业原本所应纳的税额，但可以延长企业的纳税时间，无形中获得一笔短时间的资金，这对于类似M公司这样的中小企业，在缓解资金紧张方面，有一定的作用。作为增值税的一般纳税人，2013年6月M公司产生应税收入210万元（含税），其中有80万元现时没有收回，而合同约定的最后付款时间为2013年8月。此时，有如下两种结算方案。

方案一：直接收款。如果M公司选择直接全部收回货款，则

全部货款计提销项税额=210/（1+17%）×17%=30.51（万元）。

方案二：分期收款。如果M公司选择分期付款，则

6月计提销项税额=130/（1+17%）×17%=18.89（万元）。

剩下的销项税额=80/（1+17%）×17%=11.62（万元）。

方案一和方案二M公司所缴纳的增值税总额并没有变化，但第二种结算方式推迟了纳税时间，有利于保障M公司的现金流，减少银行利息支出。

（四）利润分配中的税收筹划

利润分配是企业财务管理中必然涉及的事项，对企业利润进行合理的分配与安排，不仅能够保持企业的可持续发展，而且对企业的税负也会产生重要影响。前面已经论述，M公司准备设立子公司，以扩大经营。M公司拟在2014年初在山西境内选址，投资800万元设立子公司，预计子公司在5年内可以实现利润80万元、90万元、100万元、110万元、120万元。假设M公司在计划的实施过程中，由于多种因素的影响，并没有达到预期的利润目标，而是连续几年出现了亏损，具体经营盈亏情况如表5-6所示。那么在此种情况下，M公司该如何进行利润分配，以到达税收筹划的目的，本书进行了相应的探讨。

表 5-6　M 公司子公司 2014—2023 年经营盈亏表　　单位：万元

年份	2014	2015	2016	2017	2018	2019	2020	2021	2022	2023	合计
盈亏	-80	-60	-40	0	20	30	40	50	60	80	140

我国税法明确规定，如果企业在经营中发生亏损，可以用以后年度的利润进行相应的弥补，但有时间限定，即不得超过 5 年。立足于此规定，企业就可以在获利的年份进行相应的抵亏，以获取税收优惠支持。从表 5-6 可以得知，M 公司子公司前三年即 2014—2016 年的亏损可以税前弥补，2014 年的亏损可以由 2017 年、2018 年、2019 年的税前利润弥补，最长可以弥补到 2019 年。2015 年的亏损可以由 2020 年的税前利润弥补，2016 年的亏损可以由 2021 年的税前利润弥补。

2021 年弥补亏损后应缴纳企业所得税为（50-40）×25%=2.5（万元）。

2022 年未弥补的亏损额度为 -180+150=-30（万元）。

但需注意的是，此时未弥补的亏损就不得在税前弥补，只能在缴纳企业所得税之后进行相应的弥补。

因此，2014—2023 年，M 公司子公司所应缴纳的企业所得税为 37.5 万元。

如果 M 公司子公司将亏损期限延长一年，即将 2015 年的 20 万元亏损额延长至 2016 年，然后将 2016 年的 10 万元亏损额延长至 2017 年，其他年度的经营盈亏不变的情况下，可以计算出 2021 年，M 公司子公司不需要缴纳企业所得税，而 2022 年所缴纳的企业所得税为（60-10）×25%=12.5（万元），2023 年所缴纳的企业所得税为 80×25%=20（万元）。与前一种方案相比，第二种方案可以省下 5 万元的企业所得税。因此，在财务管理中，合理进行利润的税收筹划安排，也可以达到减轻税负的目的。

三、推进中小企业财务管理中进行税收筹划的建议

（一）树立正确的税收筹划理念，丰富中小企业税收筹划目标

在我国以往的税收宣传活动中，总是过于强调税收的国家强制性，要求任何企业必须遵守国家税法的规定，以进行合法经营。这使得广大企业只是认识到纳

税的义务，而忽略在纳税过程中，纳税主体其实享有一定的税收权利。作为纳税主体积极维护自身合法权益的手段，税收筹划在实现纳税主体税收权利中起着关键的作用。建议国家通过电视、媒体、网络等多种方式加强对税收筹划的宣传力度，展示税收筹划成功的案例，使广大中小企业对于税收筹划与漏税、偷税的区别有一个正确的认识，以营造良好的税收筹划氛围，让中小企业树立正确的税收筹划理念，将其纳入日常的财务管理过程之中，通过合法的方式维护自身税法权利。

除此之外，中小企业的经营活动是一个系统而复杂的过程，受多种税收政策的影响，因此，中小企业在税收筹划过程中不应仅仅局限于降低税负的目标，在税收筹划中只是简单地考虑税收筹划的成本与效益，而应将税收筹划与企业的财务管理活动、经营活动紧密结合起来，充分考虑中小企业的市场环境与资源配置状况，制订出科学的税收筹划方案，最终实现企业利益的最大化。

（二）加强中小企业税收筹划方法的研究

在我国宏观经济环境不断变化的情况下，财税政策亦会不断进行调整，加之各经济开发区、经济特区、高新技术开发区、自由贸易区等特殊区域相应的税收政策有较大区别，我国中小企业的税收筹划面临着一系列新情况、新问题，税收筹划方法急需有相应的指导。特别是当前掀起互联网投资的高潮，很多中小企业都涉及互联网经营，而与之相对应的税收征管策略和税收筹划方法都还处于探索阶段。建议国家组织国内权威的财税专家，对国外中小企业税收筹划方法进行系统分析，并立足于我国中小企业发展的实际状况和国内宏观经济、税收环节，对我国中小企业税收筹划方法进行科学的研究，总结出适合中小企业的税收筹划方法。如此，可以推动中小企业在财务管理中科学地进行税收筹划。

（三）提高税收征管机关服务水平，营造良好税收筹划环境

一直以来，我国税收征管机关在管理过程中坚持“重征管、轻服务”的思想，在对中小企业征税过程中，通常是以罚代管，而没有突出其应具备的服务思想。因此，要营造良好的中小企业税收筹划环境，提高税收征管机关的服务水平亦是重要途径。建议在纳税大厅为中小企业专门设置相应的纳税窗口，指导中小企业

进行各项涉税申报工作。针对财务管理水平较低的中小企业，提供相应的建账业务指导、税收信息咨询等服务，切实体现其一定的服务职能。事实上，当前阻碍中小企业开展税收筹划的最大障碍源于财务管理人员的税收筹划水平偏低，因此，税收征管机关及时在相应的窗口公布税收政策与信息，或在网络上建立与中小企业的信息沟通机制，使得中小企业及时把握税收政策动向。在西方发达国家，税务机关还会免费向纳税人提供各种纳税指南出版物，以让企业进行有针对性的借鉴。我国税务机关也可以借鉴此点做法，充分为中小企业提供税收筹划服务。

（四）加快税收筹划人才队伍建设

与西方发达国家相比，我国市场经济起步较晚，企业税收筹划的开展相对也较晚。前面已经论述，当前制约中小企业开展税收筹划的还有专业人才缺乏的问题，相对来说，未来税收筹划人才在企业中的地位将不亚于财务管理，因此，要让更多的中小企业在财务管理中能够实施税收筹划，税收筹划人才队伍建设必不可少。一方面，可以在我国高等院校专门开设税收筹划专业，或在财会专业类设置时，将税收筹划课程放在重要位置，以增强学生税收筹划基本理论的学习。与此同时，注重学生税收筹划的实践能力培养，高等院校应积极与企业合作，让税收筹划或财会专业的学生走进企业，接触税收筹划实务。另一方面，继续完善我国注册税务师考试办法，让更多的从业人员开始注重税收筹划方面的能力培养，并加强对税收筹划人员的考核，督促其不断提高自身的专业能力。

第六章　中小企业财务风险管理

第一节　中小企业财务风险管理概述

一、中小企业财务风险概述

（一）中小企业财务风险的概念

这里主要从广义和狭义两个方面认识企业财务风险。广义上认为，财务风险是由于企业内外部环境的影响，可能会导致企业财务活动的预期与理想状况的不一致，严重的可能会导致企业经营发生损失。而狭义上认为，企业财务风险是由于企业通过负债经营不当而造成的无法保证企业资金及时清偿债务，可能会导致企业经营损失，甚至破产的可能性。这里狭义上的财务风险主要与企业债务有关，换言之，如果企业不选择举债，那么企业经营也就不会发生财务风险，这一观点不尽完善。但是我们不难看出，企业遭受财务风险是无法避免的，其存在于企业的各个业务活动中，因而受到企业内外部各种因素的影响。结合以上分析，这里我们将中小企业财务风险定义为：由于中小企业诸如财务关系不明确、财务结构不合理、融资方式不当等企业内部环境以及诸如经济环境、法律环境、市场环境、社会环境等企业外部宏观环境的影响而可能导致企业预期收益下降的风险。本书中的中小企业财务风险指的是广义的风险。财务风险存在于企业整个涉及资金的业务流程活动，因而对其不容忽视。通过以上风险的定义可以看出，风险具有不

确定性，风险既可以使企业蒙受损失，又可以为企业带来收益。那么企业的财务风险亦如此，只要企业运用得当，就可能给企业带来收益的机会。

（二）中小企业财务风险的分类

由于中小企业财务风险伴随着其生产活动的整个过程，因而根据中小企业的生产经营过程可将企业的财务风险分为筹资风险、投资风险、资金回收风险和收益分配风险这四个方面。

1. 筹资风险

所谓的筹资风险，顾名思义即企业在筹资过程中可能会面临的各种风险。通俗地讲，即企业由于从外部借入资金，但由于负债方式、负债期限和资金使用不当等情况而可能导致的企业丧失偿债能力和企业获利的不确定性。通常情况下，企业筹集资金主要是是为了扩大企业的生产经营规模，然而只要企业进行筹资，毫无疑问会增加企业的财政负担，但是由于企业借款利息率、资金利润率都受到诸多因素的影响，可能会导致企业资金利润率与借款利息率或高或低。

2. 投资风险

所谓的投资风险，即企业在未来投资过程中可能会遭受的风险。企业为了获取更多的收益，会将多余的资金进行投资。但由于从投资开始到投资结束这段时间，由于投资涉及诸多因素的影响，企业预期的投资效益与实际投资收益之间可能会产生偏差。由于实际投资收益是不确定的，它与预期收益，有可能实际投资收益高于预期收益，也有可能实际投资收益低于预期收益，换言之即在投资所产生的结果中，既有可能使企业获得比预期更多的收益，又有可能使企业蒙受更多的损失，这都是不确定的，因而只要继续投资即有风险。

3. 资金回收风险

所谓资金的回收风险，即在企业所有可能获得的产品销售资金再转变为自己的货币资金的过程中，可能会由于时间长短和资金规模的影响，企业资金回收的不确定性。资金回收的风险主要受企业外部环境和企业内部因素的影响，其外部环境的影响主要表现为国家经济政策和财政金融政策的影响。而企业资金回收风险的内部因素主要取决于企业管理者决策水平和管理者管理水平的高低情况。不同于外部环境因素，企业内部自身因素是企业自我可以不断改进的，企业只要制定好适当的管理政策，不断加强对管理者的培养，就可以保证企业在扩大销售的同时，降低由销售所带来的资金回收风险。

4. 收益分配风险

所谓的收益分配风险，即企业由于对获取的收益进行的分配对企业资金成本价值产生影响的可能性。收益分配风险可以反映两个方面：一是可以反映企业在生产经营产品过程中的经营风险；二是企业对收益进行分配过程中的资本支付风险，由于它是企业进行下一次生产循环所需生产资料的资金来源，会对企业以后的再生产起着一定的制约作用。这里的收益分配即对企业税后可分配利润的合理处置，因而作为一个企业管理者需在留存收益与分配股息之间孰多孰少做一个正确的抉择，使收益分配的风险降至尽可能低的水平。

（三）中小企业财务风险的特征

中小企业财务风险的特征主要表现如下。

（1）客观性

企业的财务风险是客观存在的不以人的意识为转移的。无论何种企业，无论其经营何种行业在生产过程中都会存在一定的风险，这是企业生产经营所不能避免的。

（2）普遍性

企业的财务风险存在于企业生产经营活动的整个生产过程中，在诸如企业筹资、企业投资、企业资金回收和企业资金分配方面都会遭受财务风险。

（3）风险性或收益性

有风险即有收益，风险越大收益则越大。换言之，企业的财务风险既有可能会为企业带来损失，亦有可能会使企业获得超过预期的收益。所以企业可运用财务风险的这一特征为企业获取更多的收益。

（4）不确定性

由于企业财务风险的发生需要一定的条件，这可能是因为企业的决策不当也

可能是企业举债不当，所以企业的财务风险有可能发生，也有可能在企业管理者决策得当时不一定发生。

（5）可估量性

虽然企业无法消除可能的风险，但是在企业进行生产前，可以对生产的预期结果和可能发生的一切状况进行估量，通过概率学的方法，估计企业可能发生财务风险的可能性和可能出现的后果。

二、中小企业财务风险管理的含义、原则及方法

（一）财务风险管理的含义

所谓的财务风险管理是指企业这个经营主体在其生产过程中通过对存在的各种筹资、投资、资金回收和资金分配等方面存在的风险进行识别、度量、分析和评价，并采用适当的方法对这些可能存在的风险进行防范和控制，以保证企业采用可靠的方法，保障理财活动安全正常开展，获取更多利益的管理过程。由于企业财务风险管理普遍存在于企业生产经营的各个活动中，与之对应的，企业的财务管理也应当贯穿于企业的生产经营活动中，同样地包括四个方面的内容，即筹资风险管理、投资风险管理、资金回收风险的管理以及收益分配风险的管理。由于企业财务活动所面临的内外部环境是复杂多变的，因而企业财务管理则需要根据这种复杂多变的内外部环境不断地进行调整，以保证及时有效地应对这种环境可能会带来的财务风险。同时，如若财务风险管理采取的措施得当，根据财务风险的损失性和收益性，也可以使企业获取更多的收益。同企业财务管理的目标类似，企业财务风险管理的最终目标是在尽可能降低企业财务风险的情况下，实现企业价值的最大化。

（二）财务风险管理的原则

1. 前瞻性原则

虽然财务风险具有不确定性，但却不容忽视，一旦发生财务风险，带来的结果极有可能导致企业产生财务危机，从而影响企业的正常经营活动。因此在企业

预计财务风险极小或者可能会出现财务风险的时候，企业应当及时把握所存在的风险，事先对其进行预防，将风险的可能性和灾害性降至最低。

由于财务风险的不确定性，为了尽可能降低风险，在处理财务风险问题时，应当更加谨慎小心，充分考虑各种可能造成财务风险的不利因素，同时管理者要对企业未来可能遇到的各种风险和损失做好相应的心理准备，提前做好准备以抵御财务风险可能带来的损失。

2. 适时性原则

由于财务风险的不确定性特征，且财务风险可能会使企业财务产生一定的危害，为了避免企业财务风险可能招致企业蒙受损失，这就要求企业管理者在制定财务风险应对措施时应事先确定好相应的措施，保证在风险发生之前，企业能够及时应对。保证企业的财务风险降到最低，以实现企业价值最大化的目标。

3. 整体性原则

由于企业财务风险是由企业筹资风险、企业投资风险、企业资金回收风险和企业资金分配风险这四种风险综合的结果，涉及企业生产经营的整个过程。因而，对于企业财务风险管理也应当全面系统地对各种财务风险的影响因素进行比较分析，从该企业生产经营的全局考虑，实行全面的财务风险管理。

4. 成本效益原则

由于企业的生产经营是以营利为目的的，对于中小企业就更看重企业是否营利，因而企业会尽可能选择低成本的物资进行生产，以增加企业财政收入。同样地，企业在进行财务风险管理时，也会从成本效益原则出发，考虑到使财务风险管理的成本超过财务风险可能给企业带来的损失，选择相应的风险应对策略。

（三）财务风险管理的方法

这里我们主要从风险管理的基本方法入手，研究财务风险管理的基本方法，主要包括以下两个方面。

1. 控制法

所谓的控制法，是指在企业发生损失之前，通过采用各种管理方式和组织手

段，尽可能地消除各种存在的风险隐患，同时尽可能地避免会导致风险产生的各种影响因素，将可能发生的损失的程度降到最低。

2. 财务法

财务法与控制法的侧重时点不同，控制法主要是在事前和事中的控制，而财务法一般则是对企业进行时的风险管理。即在企业发生财务风险、对企业造成了一定的损失的情况下，企业通过采用各种财务工具和手段，尽可能地对企业财务风险造成的损害进行补偿。

三、中小企业财务风险管理的基础理论

（一）风险管理理论

由于 2008 年金融危机的出现，人们不得不再次重视对财务风险的管理，以便更好地应对企业财务风险所带来的危害，我们有必要重新对风险管理理论加以认识，以此从理论上找出企业财务风险的问题所在。

1. 传统风险管理理论

传统的风险管理理论认为，传统风险主要是对企业可能存在的不利风险进行管理，以减少这种风险对企业发展的影响，其采取的措施主要是回避风险和转移风险。而风险管理存在着两种不同的视角，一种是管理者的财务政策视角，另一种是管理者的风险与保险视角。为了使风险管理方法论更为完善，要求风险管理与管理学中的复杂组织系统模型相结合，为风险管理理论的发展提供更多的理论支撑，同时运用现代经济学的分析方法来确定风险管理的最优策略，将风险管理与金融市场理论相结合，使之成为金融学的重要组成部分。

2. 金融风险管理理论

不同于传统风险管理，金融风险管理的目的在于应对投机可能产生的风险问题，以实现企业在风险最小情况下的收益最大，或是实现企业在收益一定条件下的风险最小的生产经营目标。而金融风险管理工具，是随着资本和保险市场相互

结合产生的，它是结合了保险和衍生品两者特点的风险转移产品，是一系列风险转移产品、风险工具和风险技术的总称，这种金融风险管理工具一般分为两个部分，其中一个部分用来防范传统风险的非传统风险工具，另外一个部分是基于资本市场的风险管理工具，其中，对于专属保险公司，是用来预防和控制企业传统风险的重要方式，它不仅可以为母公司税收减免优惠，还可以提升公司的经营能力和市场价值。

（二）内部控制理论

伴随市场经济的发展，企业作为市场经济的主体面临着更为严峻的挑战，2001 年，美国爆发的安然公司事件成为 21 世纪第一庄会计造假的大案，为此，美国国会提出了《萨班斯法案》。要求企业依据美国反虚假财务报委员会下属的发起人委员会（COSO）颁布的相关法规建立健全内部控制制度，加强企业的风险管理，实现了第一次将企业风险管理纳入内部控制的考虑范围。

内部控制作为公司治理的重要组成部分，其地位越来越凸显。随着传统账项基础审计发展为风险导向审计，内部控制的好坏，直接决定了风险导向审计在注册会计师审计过程中运用效果的好坏。另外，内部控制作为企业内部监督的有效手段，能否在企业经营过程中发挥好监督作用也值得关注。我国证监会针对企业内部控制实施情况出台了相关法规，要求上市公司在披露年度报告时，披露内部控制实施评价报告。可见，内部控制在企业财务管理过程中的重要地位。

第二节　中小企业财务风险管理现状及影响因素

为了更好地对中小企业的财务风险进行管理，势必要对中小企业财务风险的影响因素有一定的了解。而影响中小企业财务风险的因素很多，包括内部和外部的各种因素，本节拟对中小企业的财务风险影响因素进行分析。

一、中小企业财务风险管理的现状

由于财务风险普遍地存在于企业生产经营活动的各个环节，其可能会对企业的生产经营产生至关重要的影响。由于中小企业的资金薄弱，其承受风险的能力相比大型企业而言较弱，因而对中小企业财务风险进行管理就显得尤为必要。随着市场经济的不断完善和发展，企业生产经营所处的环境也处于不断变动之中，也越来越更复杂，企业所面临的财务风险也在逐渐增加。与此相对应的，中小企业的财务风险管理也应当不断变化发展，以更好地解决中小企业财务风险中的问题，因此对中小企业财务管理现状进行分析也显得尤为重要。现如今我国中小企业财务风险管理的现状主要表现为以下三个方面。

（一）风险意识薄弱

中小企业的快速发展离不开现金的支撑，因而很多中小企业认为现金越多越好，由于大多数中小企业自身资金短缺，不足以满足生产经营的需要，因而选择在外部大量举债筹资，然而过多的负债，势必会给企业增加严重的债务负担，从而增加财务风险。加之企业内部的经营和管理的不善，势必加速中小企业财务危机的爆发，重则导致企业发生破产。

（二）筹资能力差

和其他类型的企业一样，中小企业的资金来源主要分为内部和外部两个融资渠道，由于中小企业自身的生产经营规模小，经济效益不够好，很难满足其内部融资的需要，因而中小企业大多数会选择外部筹资，但由于中小企业自身资源和生产经营能力的限制，还款诚信不足，贷款风险较大，因而很难从外部筹集到可用的资金。

（三）资产管理不善

中小企业由于其财务人员知识结构、专业素质、年龄结构的限制，加之企业财务管理思想更新缓慢，其思想还较为落后，没有对企业的财务风险进行系统的管理，其财务风险管理还没有形成规范化的体系结构，其现金、应收账款、存货和固定资产等资产的管理较为薄弱，资产失控、浪费的现象较为严重。

二、中小企业财务风险的影响因素

由于中小企业自身情况的限制，近年来有很多中小企业面临着严重的财务风险危机，更有甚者由于自身资金不足，导致破产的现象时常发生，因而为了解决中小企业在生产发展过程中存在的各种需要解决的问题，我们必须清楚地认识导致中小企业产生财务风险的原因，才能从源头上减轻中小企业在生产经营过程中的财务风险。总的来说，影响中小企业发生财务风险的因素主要包括外部因素和内部因素两个方面。

（一）中小企业财务风险的外在影响因素

中小企业财务风险的外在影响因素主要是指企业生产经营过程中所处的宏观环境因素，这里主要采用PEST分析法对其进行分析研究，主要包括以下几个方面，

1. 政治环境因素

政治环境主要包括国家政治制度与体质、管理证据、政府所持的态度等方面的内容。为了形成规范的市场经济，国家政府会对经济市场和企业的生产经营活动加以干预，出台相应的政策、方针、法律法规等。现有政治环境的稳定性、国家所持的经济政策以及国家制度的健全与国家执法的严格程度，无疑会对企业的生产经营产生一定的影响，特别像中小企业这种资产规模小、生产资料匮乏的生产主体来讲，受影响程度就更为严重。由于市场经济的不断完善和发展，国家政府出台的相应政策、方针、法律法规等也是处于不断进步与完善之中，诸如环境保护、证券市场、互联网等相关领域的政策、方针、法律法规的出台，这些法律法规的更新变化势必会对劳动密集型小企业的生产经营造成一定的影响，同时带来很大的风险。

2. 经济环境因素

企业所处的经济环境主要包括企业的利率情况、境外汇率情况、国家的失业率水平和市场供需等方面的内容。当前我国社会主义发展还处于初级阶段，而就我国现有的宏观经济政策而言，市场主要偏向于国有企业的发展，对于中小企业

则没有相应的保护政策，并且包括像企业所得税、汇率、银行利率等这些经济环境的主要变量的变动以及对相应产业结构的调整，这些都会对中小企业造成一定的影响。由经济环境所造成的风险主要包括税率风险、利率风险和汇率风险等方面的内容，税率风险主要是针对企业所得税而言的，这与企业的营利和国家的所得税政策是密切相关的。而利率风险主要是指由于银行利率的变动而导致的中小企业资产价值的变动而造成的风险，其对企业的影响主要表现为在企业贷款时的利息支出。而汇率风险主要是指取得境外贷款时，由于汇率市场的变动性，一些从国外借资的境内外资企业，在汇率上升时会需要更多的资金来偿还债务，这种情况下无疑会对企业造成一定的损失。

3. 社会环境因素

社会环境因素主要包括人口环境和文化背景两个方面的内容。人口环境主要是指当地的人口规模、年龄结构、收入分布等。文化背景主要是指当地人口受教育程度和宗教信仰情况等。随着社会的不断进步与发展，人们的物质观和价值观也在不断地发生变化，不同地区的人口的规模、年龄层收入构成、居民受教育情况也不大一样，特别像我国由卖方型市场转变为买方型市场的市场形态来看，企业生产经营需满足消费者的需要显得尤为重要。随着社会的发展与进步，人们的物质观和价值观较之以往也大有改善，人们都希望以尽可能低的价格买到自己满意的商品和服务。中小企业主要生产大众产品，非高档产品，其生产经营面临着提高产品和市场竞争力的严重挑战。同时由于现阶段我国资本市场同社会主义一样还处于发展的初级阶段，难以满足众多中小企业的融资需要，这无疑给中小企业的发展造成了阻碍。

4. 技术环境因素

所谓的技术环境因素主要包括一些可能会引起重大变化的发明、企业的新技术和工艺，以及企业中新型材料的出现和发展趋势等。由于科学技术的日益进步，也有不少中小企业的生产技术和工艺有了一定的发展，但不容忽视的是，现在不少中小企业仍旧普遍面临着高新技术落后和技术创新能力水平低下的问题，势必会增加中小企业的财务风险，进而导致财务危机的出现。为了能够在激烈的竞争环境中占有一席之地，仅仅依靠落后技术生产的商品早已无法满足市场的需要，中小企业迫切需要提升自己的科技创新能力，变迁现有陈旧的生产经营技术，以在保证商品成本的同时，提供给消费者更加满意的商品和服务，同时企业还应当注重利用科技的力量为消费者提供更多、更为方便的诸如电子类产品和服务，改变传统的分销渠道，加强企业与消费者的沟通与联系，更多地运用科学技术为企业的生产经营服务。

（二）中小企业财务风险的内在影响因素

针对中小企业财务风险内在影响因素，这里主要从内部控制和财务活动两个方面存在的问题进行简要分析，其中企业内部控制方面的问题主要表现在公司治理结构不合理、内部控制制度不完善以及内部控制意识薄弱这三个方面。而企业财务活动方面存在的问题则主要表现在财务结构不合理、预算体系不标准、投资不科学以及管理者财务意识薄弱这四个方面。

1. 企业内部控制方面的问题

（1）公司治理结构不合理

健全的公司治理结构才能提高企业抵御风险的能力，只有企业的治理结构互相制约、规范运行、落实责任，才能防止因内部结构细分不足、过度集权化在企业经营活动中带来的风险。对于大多数中小企业而言，公司的治理结构不够合理，其管理权往往掌握在高管手中，小的管理者则形同虚设，在发生对企业的经营管理考虑不周的情况时，很可能在企业面临风险时形成统一的口径。

（2）内部控制制度不完善

健全的内部控制制度是企业正常经营活动的支撑，企业内部控制审计是否得当、内部管理是否科学合理、资金控制调配是否合理等都是企业财务风险的根源，由于中小企业缺乏科学合理的内部管理制度，企业的内部控制审计落不到实处、内部管理不尽合理以及资金调用不当的事实时有发生，因而无法保障中小企业的资金可靠完整。

（3）内部控制意识薄弱

此问题主要表现在上至管理者的风险意识淡薄，下至财务人员的风险意识陈旧。在市场经济环境下，财务风险存在于财务活动的方方面面，但在企业的生产经营活动中，大多数中小企业的管理人员和财务人员对企业财务风险都不甚了解，同时缺乏风险防范意识。企业主要关注怎样将产品方便快捷地销售出去，缺乏危机意识，同时国内大多数企业，特别是中小企业还未建立好财务风险管理系统，因此无法避免企业财务风险时有发生。

2. 企业财务活动方面的问题

（1）财务结构不合理

合理的财务结构可为企业创造利益，反之不合理的财务结构就会给企业的生产经营带来损失。诸如企业的债务结构，合理的债务筹资结构会给企业带来收益，不合理的债务筹资结构就会对企业造成一定的危害。然而往往很大一部分中小企业不加以重视，由于财务杠杆的作用造成企业更加严重的财务负担，造成企业的资金严重匮乏，给企业带来严重的危机。

（2）预算体系不标准

企业内部控制是否具有完善的预算体系，是决定企业资金是否正常运行的保障，其对企业的生产经营和发展具有重要的影响。但对于中小企业而言，由于管理者考虑到时间、成本、费用的问题，往往只对企业以后的活动进行粗略的预算，依靠的标准也仅仅是以往的经验之谈，并未形成标准的体系以供预算参考，因而导致预算不合理，并未起到实质性的作用，对企业的财务活动的健康发展造成一定的影响。

（3）投资不科学

中小企业的投资往往缺乏对市场的了解，只看重投资项目能否为企业最大程度地创造利润，在对该项目进行调查分析之前，盲目地将其作为投资规划的重要目标，往往忽视了对伴随着高收益存在的高风险的认知，一旦投资失利，这无疑会给资金本就薄弱的中小企业带来巨大的损失，轻则损害中小企业投资者的利益，重则可能会导致企业破产。

（4）管理者财务意识薄弱

企业的财务管理贯穿于企业的所有经济活动中，包括企业的生产、经营、销售等各个方面。企业要想在激烈的竞争环境中有一席之地，就应当重视企业财务管理的重要作用，对于很多的中小企业管理者而言，其财务管理的意识较为淡薄，错误地认为自己这种小规模、资金少的企业的灵活性较强，故而忽略了企业财务管理的重要作用，导致企业自身财务风险加大。

第三节　中小企业财务风险管理体系的构建

为了更好地解决中小企业在财务风险管理方面的问题，人们提出了构建中小企业财务风险管理体系的构想。本节在对构建中小企业财务风险管理体系应遵循的原则进行分析的基础上，提出了构建中小企业财务风险管理体系的具体方案。

一、建立中小企业财务风险管理体系应遵循的原则

中小企业构建财务风险管理体系应务必保障在降低企业财务风险发生可能性的前提下减少生产成本和费用，同时保障企业能够在持续经营的基础上稳定获利，同时自觉地承担企业应负的社会责任。中小企业财务风险管理体系的构建应遵循如下原则。

（一）风险收益并存原则

企业建立的财务风险管理体系不但要降低企业原有的财务风险，保证企业能够持续稳定地经营，同时要保证企业能够持续增收，使企业的财务风险更多的转变为企业的收益。

（二）成本效益相结合原则

财务风险管理体系的构建应当与企业自身的生产经营状况相结合，考虑自身的资金规模、风险程度和经营目标等，同时要注意考虑企业所处的宏观环境的影

响，争取在保证企业风险控制成本最小的前提下，获取尽可能多的风险管控成效。

（三）全面控制和重点管理的原则

由于企业财务风险存在于企业财务活动的整个流程，与此相对应应当建立好囊括企业所有业务活动流程的财务风险管理体系，确保能够对所有的风险进行评估、监测和控制，同时要结合企业的实际，对重要的财务活动进行重点管理，尽可能地降低企业可能存在的财务风险。

二、中小企业财务风险管理体系的内容

企业财务风险贯穿于财务活动的方方面面，企业内外部各方面因素往往影响着企业的经营结果，相应的企业风险管理体系的搭建也应当由各种相互影响的要素构成，这与企业的经营管理思路是一致的，同时注意搭建企业财务管理体系时应当与企业的经营管理流程相结合，环环相扣，形成一个密不可分的整体，与风险相一致，财务风险管理整个体系应当贯穿于企业的整个业务流程活动中。考虑到财务风险管理必须能够对企业的风险进行预测、识别、控制与评价等，能够切实解决企业生产经营活动中的包括筹资风险、投资风险、资金回收风险和收益分配风险在内的问题，因而构建一个由组织体系、程序体系和保障体系三要素共同构成的企业财务风险管理体系来管理企业的财务风险就显得尤为重要。

（一）中小企业财务风险管理组织体系

中小企业设置财务风险管理组织体系是为了促进整个财务风险管理体系发挥作用，企业内部财务风险管理组织体系构建的合理与否直接关系到整个风险管理体系运行效果的好坏。因此中小企业要想保证其风险管理体系能够健康运转，就必须设置好相应的风险管理组织体系。财务风险管理组织体系应当独立于企业的控制，保证财务风险管理的工作能够客观、正常地进行。财务风险管理体系的主要职能应当包括确定财务风险管理的目标、制定财务风险管理的方案、关注财务风险管理的情况报告并以此制定财务风险预警报告，以保证企业管理者可以根据实际情况及时选择应对财务风险的方案，尽可能地降低企业财务风险，逐步解决

企业在生产经营活动中所遇到的各种风险问题。在搭建财务风险管理组织体系时，一方面可以在企业内部添加一个财务风险管理部门主要负责企业内部的财务风险管理工作，还可以直接从企业内部现有的各个部门中，诸如财务部门、审计部门、销售部门、生产部门等中选定一名平时表现优秀的人员负责各自部门的日常风险管理工作。同时为了确保财务风险工作的独立性、客观性，负责财务风险管理的部门和个人必须专门负责财务风险管理这项工作，不能身兼多职。以便及时向企业的最高管理层及时报告和反馈企业风险处理成效。另一方面企业还可以直接在企业外部聘请财务风险管理方面的专家或者第三方管理咨询专家帮助指导企业完成财务风险的管理工作，保证企业的健康发展。

（二）中小企业财务风险管理程序体系

由于企业财务风险存在于企业生产经营各个活动流程中，与之相适应的，对于财务风险的管理，企业也同样需要设置一定的管理流程。结合风险管理的新程序，中小企业财务风险管理的程序体系主要包括风险识别、风险评估和风险应对这三方面的内容。

1. 中小企业财务风险的识别

（1）风险识别的内容

所谓的风险识别是指在企业发生财务风险之前，企业相关人员采用各种手段对企业自身面临的各种风险加以系统地认识，并且分析引起企业财务风险发生的各种内在因素和外在条件的过程。感知风险和分析风险是企业风险识别的主要内容。感知风险主要是了解企业当前所处的环境形势下所面临的各种风险。分析风险主要是对风险问题的各种可能因素进行分析。总之中小企业内部引发风险发生的因素种类繁多，风险问题性质和类别也同样复杂，这就要求中小企业的财务风险管理的相关人员在风险管理的目标下认清可能带来风险问题的各种不利因素，以便中小企业能够更好地应对财务风险。

（2）风险识别的方法

由于中小企业引起风险问题的各种不利因素种类繁多，要想企业能够做好

充分的准备应对财务风险就应当选择实施有效的风险识别方法，认识风险的来源及特征，为接下来的风险管理活动做好准备。风险识别主要包括对风险发生的根源问题、风险的危害程度、影响风险的各种因素等方面的信息进行收集和分析，因而风险识别的方法主要指在收集和分析这些相关信息中所采用的各种手段和技术。风险识别的方法主要包括现场实地调查法、组织结构图分析法、财务报表分析法、SWTO 分析法、流程图分析法等。由于风险识别的方法本身都有自己的优缺点，因此为了更好地进行风险识别这项工作，风险管理者应当结合实际情况选择两种或多种方法同时进行风险识别工作，以确保风险识别的完整、有效。

第一，现场实地调查法。现场实地调查法是指财务风险的管理者动用一切的资源亲自到企业生产活动的现场对可能存在的风险问题直接观察、分析和统计，以掌握风险问题的第一手资料。此方法可以帮助风险管理者直接与企业相关实际工作人员进行沟通，因而在实施此方法前，一方面风险管理者应当做好准备工作，即通过查阅与所调查问题的相关资料确定调查内容的总体框架，另一方面企业在被调查之后应当采取相应的措施，加强日常生产经营的管理工作，同时风险管理者应注意不定期对企业实施检查，以防止企业相关人员为了应付检查工作而忽视了生产经营的质量。同时，在实施实地调查之后，财务风险管理者应当注意整理收集的资料和笔记，根据实地调查的时间、项目将调查内容进行归档，以便之后进行对比分析。

第二，组织结构图分析法。组织结构图分析法可以描述企业的活动性质和生产规模，可以用来反映整个企业内部的各个相关部门所应承担的各种风险和责任，同时还可以用来反映其存在的各种可能影响风险状况的发生的领域。借助组织结构图，相关财务风险管理人员可以判断风险管理的工作重心，这对企业认识风险、判断风险程度和企业了解可能的受影响程度具有十分重要的作用。但需注意的是，组织结构图分析法，仅仅反映的是导致企业可能发生财务风险的企业管理部门之间存在的问题，属于宏观问题，相应的措施也仅仅是整理和调整企业内部组织结构，相对于发生企业财务风险问题的生产流程和环节却关注甚少，因此在进行组织结构图分析法时，应当结合其他方法共同完成风险识别这个重大任务。

第三，财务报表分析法。财务报表分析法顾名思义即以可能会发生财务风险的中小企业的财务报表作为研究对象，通过对报表中的所有的会计科目进行深入的分析和研究，以此找到企业在生产经营中所存在的各种潜在的损失，最后对每一个会计科目都做出相应的汇总分析报告。与此同时，在进行风险分析的时候，财务风险管理人员还应结合各种调查、制度文件等信息以确保分析的适用可靠，保证风险识别的过程的全面、客观。财务报表是反映企业的财务状况和经营成果的文件，它包括资产负债表、利润表、现金流量表和所有者权益变动表等相关内容。而资产负债表可以反映在任意时刻面临财务风险的企业的资产、负债和所有者权益三个方面的情况。对资产负债表中的各种资产类、负债类和所有者权益类的科目进行分析，找出其中哪些科目诸如现金、银行存款、存货、应收账款等存在财务风险，财务风险的来源以及财务风险可能导致的企业损失等；还可通过企业的利润表找出相关科目诸如企业的收入、费用和利润这三个方面可能存在的风险以及可能给企业带来的损失；而对于现金流量表它反映的是在一个短时间内或者一个报告期内企业营运资金的变化情况，同样的分析现金流量表可从中找出反映企业在生产经营活动中潜在风险损失的重要变化。这里值得注意的是，由于财务报告记录的是企业在上个会计年度的情况，因而财务报表分析法可以作为企业下个生产经营阶段的重要参考标准。

第四，SWOT 分析法。SWOT 分析法即优劣势分析法，可以用来确定企业存在的优势、劣势、机会和威胁等。通过运用 SWOT 分析法可以实时分析企业所处的内外部环境，找到可能影响企业发生风险事故的各种不利环境因素。与此同时，还可以使企业管理者在认清企业面临的各种弱势和威胁时，找到企业的优势和机会。总的来说，SWOT 分析主要包括两部分的内容：第一部分为 SW，即企业的优势（Strengths）和劣势（Weakness），主要分析的是企业的内部条件；第二部分为 OT，即企业的机会（Opportunity）和威胁（Threat），主要分析的是企业的外部条件。财务风险管理者采用 SWOT 分析法进行风险识别的目的是企业管理者能更好地利用企业的优势和机会，将企业的劣势和威胁尽可能地弱化，以实现降低因企业财务风险问题可能造成的损失。

第五，流程图分析法。流程图分析法可以将企业的生产经营过程的内在联系、逻辑情况反映在相关的作业流程图中，以便风险管理者可以有针对性地对流程图中的每一个流程、每一个阶段和环节分别进行有组织、有规划的调查分析，找到其存在的财务风险。流程图分析法的关键点在于它可以帮助财务风险管理者找到风险问题所在的环节和部门，以便从生产环节风险根源处解决风险问题。在使用流程图分析法时由于其只对过程进行分析，且其只能系统地识别风险，而不能够帮助企业识别每个生产经营环节中的风险问题，也同样不能量化风险问题发生的可能性，所以应当注意此方法应与其他风险识别方法一起使用，与此同时找寻流程图中存在的问题，切实弄清楚风险问题发生的可能性。

2. 中小企业财务风险的评估

（1）风险评估的内容

风险评估是指企业在发生可能引起风险的事件前后，对这一风险事件所引起企业各个方面变化的影响程度和损失程度进行量化评估的过程。总的来说，风险评估主要包括企业财务所面临的风险、可能存在的不足之处、可能造成的影响以及所造成的风险发生的可能性大小的评估。在风险评估过程中，首先应时刻关注可能存在风险的资产、负债等，其次找到其面临的威胁和问题所在，再找到其可能被威胁的弱点，再评估该资产、负债可能导致的企业损害程度，以上过程都是风险评估的内容。

（2）风险评估的方法

风险评估的方法按照不同的标准其种类也有所不同，这里我们主要将其分为定性分析方法和定量分析方法两种。

第一，定性分析方法。定性风险评估方法往往需要分析者的经验和直觉来进行判断，因而其主观性很强。可以采用问卷调查、小组集中讨论、政策分析、行业横向纵向对比、人员访谈等操作方式，其可操作性很强，但结果容易产生偏差。值得注意的是在对企业的风险进行定性评估时，应当根据中小企业的内部和外部的环境因素进行综合分析，同时由于现金流的影响应当考虑时间的影响，分别评估企业所处不同时间段的风险发生的可能性和风险事故的影响程度，最后将其反映在风险评估系图中，以便风险管理者、企业、投资者等利益相关者都能时刻了解到企业处于不同生产经营阶段所面临的风险。

定性分析方法源于风险管理人员根据自身经验和惯例对企业的内外部影响因素可能引起的风险事故的一种判断，鉴于企业财务风险管理的定性分析方法有很多种，这里主要结合标准调查法和管理评分法对影响企业发生财务风险的内外部因素加以量化汇总。标准调查法即企业通过咨询相关风险评估领域的专家，对企业所处的内部环境和外部环境进行综合分析与研究，结合企业自身的发展阶段，预测企业的发展趋势，同时估计企业在之后的发展过程中面临的各种潜在风险。而管理评分法则是对企业所处的环境可能会引起财务风险的各种相关因素按其财务风险的影响大小分别进行评分量化汇总，使结果更为明显地反映企业财务风险状况。相关财务风险内部和外部环境因素的汇总表如表 6–1 和表 6–2 所示。

表 6–1 中小企业内部环境因素汇总表

影响因素	主要内容	判断依据
内控活动因素	内部控制	内部控制制度建设、内部控制意识培养、各部门管控的情况等
	经营策略	投资战略、筹资战略、企业发展战略、品牌战略等
	组织结构	董事会情况、股东大会情况、各部门设置情况等
	人员控制	员工受教育程度、再教育情况、专业知识水平等
财务活动因素	财务管理	资金管理、筹资管理、投资管理、销售成本管理等
	生产流程	生产技术水平、产品合格率、资源销售水平、环境影响程度等
	销售流程	企业销售策略、销售渠道的建立，产品市场占有率情况等
	供应体系	采购成本和费用、生产资料供应商、第三方物流供应商渠道等
	资本营运	企业合并、企业重组、企业改制、兼并收购等
	预算控制	预算水平、预算管理

注：表格内容都是通过相关文献资料整理所得。

表 6–2 中小企业外部环境因素汇总表

影响因素	主要内容	判断依据
政治环境因素	产业政策	行业发展的要求、限制、支持等
	税收政策	税收法律法规、会计准则、制度的重大调整
	环境保护政策	环境保护责任、环境保护力度、三废标准

续表

影响因素	主要内容	判断依据
经济环境因素	产业结构	行业规模、行业发展趋势、行业所处地位
	利率水平	利率调整、政府金融政策
	市场供需状况	市场消费者的需求偏好，市场产品的饱和状况
社会环境因素	居民收入水平	区域居民的收入与分配情况等
	居民消费结构	区域居民的消费预算与消费情况等
技术环境因素	新技术	技术的转移与实际商品化
	新专利	专利的申请及其保护情况

注：表格内容都是通过相关文献资料整理所得。

在构建好内部和外部环境因素汇总表之后，企业即可根据自身的情况对汇总表中各项因素进行评分，最后将影响风险事故的内外部因素的评分情况按大小排列，为风险管理者选择相应的风险管控方法提供参考。在对中小企业的风险评估进行定性分析时，采用标准调查法与管理评分法相结合的办法，根据中小企业所处的内外部环境的实际情况划分其可能引起风险的潜在因素，并按照不同的因素进行分类以更好地测算中小企业的风险因素。

第二，定量分析方法。定量风险评估方法则是直接给风险程度赋值，对于各种影响因素的程度、风险的大小都有一个确定的值，保证风险分析的整个过程都可以被量化，同时给定一个标准，对在标准范围内的风险因子加以重视，以便风险管理者更好地管理风险事故。而企业风险识别的定量方法主要体现在企业财务预警过程中，企业可以对报表中现有的数据进行分析研究，同时建立好相关模型以便找出各因素变量与企业财务风险情况之间的线性关系。但对于数据模型的各变量指标间的敏感性、准确性以及样本空间都有一定的要求，而对于这些变量而言其与财务风险的系数关系并非一成不变的，且在模型中很少考虑到诸如政治环境因素、技术因素等难以定义的指标。考虑到中小企业几乎涉及市场的所有行业，为了确保研究成果的普遍适用性，可以借鉴财务预警这种分析思路，针对不同企业的财务报表所提供的信息，结合企业在生产流程中可能会面临的筹资风险、投资风险、资金回收风险以及收益分配风险，选择一种单一的模式建立一个普遍适用的财务预警体系，具体情况如表 6–3 所示。

表 6-3　财务预警指标分析

风险种类	预警指标
筹资风险	流动比率
	速动比率
	产权比率
投资风险	每股收益率
资金回收风险	应收账款周转率
	销售净利率
	净资产收益率
收益分配风险	股东权益比率
	收益留存比率

注：表格内容都是通过相关文献整理所得。

第一，筹资风险指标。

流动比率 = 流动资产 / 流动负债 ×100%。由于企业筹资需要偿还债务，流动比率是用来衡量当企业的短期债务到期时，企业的流动资产可以用于变现偿还债务的能力。通常情况下，流动比率越高越好，说明其偿还短期债务的能力就越强，反之其偿还短期债务的能力就越弱。通常情况下，流动比率越接近 2 越好。这表明企业的流动资产一半可以用于变现偿还债务，另一半可以用于保证企业的正常经营活动。

速动比率 =（流动资产 – 存货）/ 流动负债 ×100%= 速动资产 / 流动负债 ×100%。速动比率同流动比率一致，都是用来反映企业偿还短期债务的能力，其区别在于速动资产剔除了存货这一变现能力较差的资产，其标准为 1。与流动资产类似，其值越接近 1 则表明企业的经营情况就越好。

产权比率 = 负债总额 / 所有者权益 ×100%。产权比率是企业内部的股东权益总额与企业资产总额的比值，其值越接近 0.5 越好。一般说来，产权比率越高，企业的风险就越高，相应的报酬就越高。但企业偿还长期债务的能力就越弱，反之其风险越低，报酬就越低，企业偿还长期债务的能力就越强。

第二，投资风险指标。

每股收益率 = 税收利润 / 发行在外的普通股股数 ×100%。每股收益率反映

的是发行股票的企业，其普通股的营利情况。它是用来衡量管理者经营业绩的一个重要标准，可以用来确定企业普通股获益，即收益分配情况的测定。其判断标准应根据企业的股利分配政策情况而定。

第三，资金回收风险指标。

应收账款周转率 = 主营业务收入净额 / 平均应收账款余额 ×100%。应收账款周转率反映的是企业应收账款的回收情况，可以彰显整个企业的资金使用效率。一般而言，其值越低越好，表明企业的平均收款时间越短，应收账款的回收效率越好。

销售净利率 =（净利润 / 销售收入）×100%。该指标反映的是销售收入可以为企业带来利润的情况，可以表示企业的销售收入水平的高低情况。不同的行业其情况也有所不同，其值应当与行业值相比较，与行业值越接近越好。

净资产收益率 =（净利润 / 平均净资产）×100%。净资产收益率可以用来衡量企业对于股东投入资金的利用情况，其值越高则说明企业的投资所带来的收益就越好。

第四，收益分配风险指标。

股东权益比率 = 股东权益 / 资产总额 ×100%。股东权益比率，又称企业自有资本比率，它可以用来反映企业的所有资产中由投资者投入的比率，一般企业应当适度负债，以满足企业生产生活的需要，其标准为适中即可。

收益留存比率 =1– 股利支付率 =1–（当年利润分配额 / 净利润）×100%。它可以用来反映企业税后利润的分配情况，即一部分用于发放投资者股利，另一部分作为盈余保证企业的生产活动。其标准根据企业而定。

综上所述，企业财务风险评估的定量分析和定性分析中，其侧重点有所不同，优势也有所不同，在对企业进行风险评估时，应当将定性分析和定量分析结合使用，以确保能够对企业的风险更加全面的掌握。

3. 中小企业财务风险的应对

（1）风险应对的内容

在了解了企业财务风险的特征和风险源，以及分析了企业财务风险的影响程度和风险发生的概率的大小的基础上，企业财务风险管理者接下来需要做的工作就是根据企业所发生的财务风险的性质和特点，根据企业自身的情况制定相应的风险防范措施，以将企业的财务风险降至最低。

（2）风险应对的方法

常用的风险应对方法主要包括保留风险、规避风险、利用风险、转移风险、降低风险等。风险管理者需要根据实际情况采取一种或者多种风险应对措施，务必做到使企业风险降到最低水平。

第一，保留风险。所谓保留风险，即企业针对该风险情况不采取任何措施，将企业风险维持在现有水平上。这种财务风险应对方法主要有两种情况：一种是在企业财务风险管理者没有意识到财务风险，还没有为应对这些风险做好准备时，企业处于比较被动将风险保留的情况；另外一种是企业风险管理者已经感知了企业的风险，但风险管理者通过分析和研究确认该风险不会对企业造成严重影响，同时采取相应措施应对风险可能耗费的成本比不采取风险应对措施高，此时风险管理人员会考虑成本效益原则，一般会选择保留风险。

第二，规避风险。即与保留风险这种不作为的情况相反，规避风险是企业财务风险管理者考虑到企业风险可能会对企业的受影响程度很大，他们会通过选择与企业管理者沟通，根据企业政策、企业发展趋势以及企业治理层结构等，以避免企业的高风险经营活动，达到降低企业财务风险和减少企业损失的目的。例如，企业可以适时地调整企业的发展目标，放弃原来的生产经营目标，重新规划企业的生产资料和资源分配，务求在生产经营开始之时就要时刻采取相应的策略避免风险的发生。

第三，利用风险。由于企业的财务风险与企业的收益是并存的，有风险就可能会给企业带来相应的收益。在这种情况下，财务风险管理者可以利用风险这一投机的性质，充分利用企业所处的环境，把握一切能够利用的机会，分析企业风险的可利用程度和利用的价值，统计估计企业利用风险可能会承担的损失，及时做好准备防范风险的工作，以保证企业能够尽量将这一风险转变为企业的收益。

第四，转移风险。转移风险即指将企业的风险转移到独立的第三方机构的方

式，将企业的风险转移出去。通常采用的方法即为企业的生产活动买保险，在企业既定的经营目标的前提下，与一个或者多个第三方独立的资金规模庞大的保险公司签订保险合同，通过这种参与投保的形式将企业的风险转移到其他机构，以减轻企业的财务风险。特别是在企业进行投资时，企业的投资风险可以选择将其转移到第三方机构，以便企业获益的可能性增加，即便风险事故发生，其也能够自动转移到第三方上，从而减少企业的损失。

第五，降低风险。降低风险即将企业的风险降低至企业能够接受的水平而采取的相应措施。降低风险与规避风险的不同之处在于，降低风险不直接回避可能会造成企业风险的各种因素，而是通过采取利用各种方法将风险尽可能地降低。例如，在投资时，由于各种资产风险性程度不同，可以将其进行组合，以分散风险较高的资产，务必保证在降低风险的同时获取收益。

由于企业财务风险的应对各有其自身的特点，其自身难免会有所局限。因而在实际风险应对过程中，企业应当根据实际情况考虑将这几种风险应对措施结合使用，充分考虑各方面的因素，具体问题具体分析，具体财务风险应对措施如表6–4所示。

表6–4　中小企业财务风险应对措施

序号	财务风险种类	财务风险应对措施
1	筹资风险	树立正确的风险管理意识、优化企业的资本结构、筹资组合方式进行筹资等
2	投资风险	第三方担保机构、选择比较保守的项目投资、制定有效的投资策略等
3	资金回收风险	开展企业信用调查、定时进行资金盘查、加强资金的流动性管理等
4	收益分配风险	改进会计方法、规范资本的收缴与支出、进行全面预算控制等

注：表中内容都是根据分析所得。

（三）中小企业财务风险管理保障体系

由于中小企业的财务风险较为复杂，只依靠风险管理的组织体系和程序体系很难以完成企业财务风险的管理目标，必须建立好一个完整的保障体系，以保证企业进行风险管控的效果。中小企业财务风险管理的保障体系主要包括加强企业的内部控制、规范企业的财务活动、加强企业各部门的沟通与协调以及注重对整个企业的财务风险管理的评价和调整等。

1. 加强企业内部控制

内部控制的种类繁多，按内部控制的目的不同，企业的内部控制可以分为会计控制和管理控制，会计控制的目的是保证企业财产物质的安全、真实、完整；管理控制的目的是保证企业的经营策略、政策制度能够得以执行，同时保证企业的经营目标得以实现。顾名思义，企业内部控制主要是为企业生产经营的企业内部环境的控制，因而企业的内部控制与企业的风险管理息息相关。为了保障企业财务风险管理工作的正常开展，只有加强企业内部的控制，保证企业内部控制工作的正常开展，才能为企业财务风险管理工作提供良好的企业内部环境。

2. 规范企业财务活动

对于中小企业而言，企业的目标是利用企业现有的有限资源来创造尽可能多的利润，而企业在生产过程中并非一帆风顺，各个业务流程中都存在很多的风险。企业的财务活动与企业的生产经营活动有着至关重要的联系，一方面财务活动是企业生产经营活动正常进行的基础，另一方面对于企业财务活动只有企业生产经营活动才能体现，只有生产合格的产品才能保证企业资金能够顺利回转。因而为了尽可能地降低企业在生产经营中的各种风险，企业就应当从实际情况出发，规范企业的财务活动。只有规范了企业的财务活动，才能从资金的源头降低企业经营存在的各种风险。

3. 加强部门的沟通与协调

沟通与协调是企业管理者在企业开展日常生产经营活动过程中妥善处理好企业各部门之间、上下级之间的各种关系，以便风险管理工作可以正常展开。无论大企业，还是中小企业，其都是一个团体，要想这个团体能够最大化地获取收益，最重要的便是沟通与协调动作的进行，因而在加强和规范企业的内部控制与财务

活动后，接下来的重要工作便是加强对企业内部单位、部门之间的沟通与协调。务必保证企业各部门之间协调共赢，以实现企业效益最大化的目标。

4. 风险管理的评价与调整

顾名思义，即在风险管理人员对企业进行风险管理工作后，企业相关人员应当对该风险管理方法的适用性和效果进行分析和评价，同时及时将评价结果反馈给风险管理者，以便风险管理者及时进行对其加以调整。任何工作的正常开展都是需要不断进行评价和改进的，风险管理的评价与调整可以帮助企业进行风险管理效果的评估和调整，保证风险管理的可能性和管理人员的不断改进，保障中小企业的财务风险管理体系更加切实有效。

第七章　中小企业预算管理信息化

第一节　企业预算管理信息化现状分析

基于各种因素的影响，我国企业信息化水平千差万别，集团企业相对中小企业来讲信息化水平建设步伐较快，中小企业的信息化建设受到诸多因素的影响，先进的中小企业信息化水平已达到了集团企业水平，落后中小企业的信息化水平可能处于刚刚起步阶段。现阶段小部分中小企业采用集团式企业预算管理模式，大部分中小企业采用的是真正的中小企业预算管理模式。

一、集团式企业预算管理信息化现状

现在大部分集团企业及先进的中小企业采用预算管理系统，实现了精细化预算管理，实施了企业的标准预算方案与体系，使用了支持战略目标分解的预算管理模型，制定了结合企业关键业绩指标的权责分明、执行性强的预算管理体系，能够与 ERP 结合并融入 ERP 各种单据和业务流程当中，可以通过自动处理、人工决策、定期反馈等一些 IT 手段持续跟踪企业经营效果与预算目标的差距，同时实现事前、事中和事后的完整目标管理闭环。

（一）集团式企业预算管理具备的条件

集团式企业预算管理特征表现为更为复杂的预算组织体系，更为综合的预算管理目标，更强的战略指导性，更强的系统性和权变性，更为综合和细化的绩效

评价体系。集团式企业的预算为全面预算，是一系列预算按照其经济内容及其相互关系有序排列组合的有机整体，主要内容为财务预算、投资预算和经营预算等。全面预算已经成为企业管理控制的核心方法，是推动现代企业管理成熟和发展的重要思想和方法。成功企业的核心因素在于全面预算的核心内部管理控制体系的成功运行。

总之，集团式企业具有跨地区、跨行业的特点，在生产经营与制造、物流、贸易、科研、销售等多方面组成统一运作主体，在管理上其具有极其复杂性，要求有比较成熟的管理体系。预算管理量化了行动计划，帮助管理层协调、贯彻与完成计划，帮助企业进行战略的制定；预算管理是实现企业核心业务的重要手段，有效提高企业的科学管理水平是集团持续发展的必然选择。集团式企业进行预算管理基本上都具备了以下条件。

1. 构建合理的预算组织体系——预算管理委员会

预算管理委员会下设预算编制机构、预算监控与协调机构、预算反馈机构等。集团式企业应设立预算管理委员会，专门为预算管理设置的机构是预算管理的最高权力机构，由集团最高领导人领导，由企业决策者和各部门主要领导组成，主要负责预算目标的制定与下发，预算草案的审核与批准。预算的编制分为两个阶段。一阶段是预算编制数据的收集，预算涉及企业全部经营业务及产供销各个环节，预算的编制需要由各个部门提供所需要的基础数据；二阶段是专门编制机构进行预算正式编制。预算的编制需要将各部门预算进行协调与平衡，以企业战略目标为导向与标准进行编制以保证预算编制的质量与速度。

2. 健全的预算管理信息系统

在信息化时代的今天，管理信息化在企业中的作用显得尤为重要，它保证了数据的准确与及时，实时反馈，对执行情况进行动态分析。预算管理信息系统进行自动化预算编制，提高工作效率，资金实现统筹调度使用；预算编制的结果直接反馈到网上报销系统，自动生成费用控制的依据，并可以设置各种预警和控制条件，并且通过会计引擎自动生成财务核算的相关单据和凭证，实时反馈到预算执行模块。预算管理信息系统是预算编制、编制的结果控制费用发生、自动生成凭证、反馈到预算结果的一体化流程。

3. 明确集团式预算内容

根据集团式企业经营的多样性可以将其分为经营预算、投资预算和财务预算。经营预算是指集团式企业日常发生的各项基本活动预算，包括销售预算、生产预算、直接材料采购预算、直接人工预算、制造费用预算、单位生产成本预算、推销及管理费用预算等。经营预算中最基本和最关键的是销售预算。生产预算是根据销售预算中的预计销售量，按产品品种、数量分别编制的，并在此和生产作业日程表的基础上，编制直接材料采购预算、直接人工预算和制造费用预算。推销及管理费用预算，包括制造业务范围以外预计发生的各种费用明细项目。投资预算反映企业关于固定资产的购置、扩建、改造和更新，资本运作的可行性研究情况，应当和企业的战略以及长期计划紧密联系在一起。财务预算是一系列专门反映企业未来一定期限内预计财务状况和经营成果，以及现金收支等价值指标的各种预算的总称，是集团全面预算的总预算，反映各项经营业务和投资的整体计划。规范的集团式企业财务预算应当包含五方面预算：现金预算、利润表预算、预计资产负债表预算、现金流量预算、合并财务报表预算等。

4. 明确预算管理流程

集团式企业实施预算管理取得最明显的成果是成本的降低、竞争力的提高。其中还包括管理责任的清晰、权责的分明、管理水平的提高等。

（二）集团式企业预算管理信息化

Excel 作为预算管理基础工具曾在各国预算管理手段中占有非常重要的地位；随着数据库和网络技术的发展，对于集团式企业来讲，Excel 作为预算管理工具已经不能有效支持业务运作，而需要先进的预算管理信息系统来满足其预算管理需求。集团式企业中应用比较多的预算管理信息系统为 SAP、用友 NC、用友 U8 及金蝶 EAS 等。现行软件中的预算管理系统基本可以提供全面的预算管理解决方案，并且做到预算模板管理、预算时间管理与预算流程管理、预算编制指南、

预算模板、预算口径、预算记账本位币的集中统一。预算权限和信息安全的管理等可以由集团来进行选择。

全面预算管理系统融合了现代预算编制的新方法，功能表现为：预算支持集团战略目标的实现，进一步提高企业核心竞争力，促使管理更加科学化，发挥预算服务于战略目标的作用；自动完成预算的编制、审核与汇总，预算管理信息系统已经存在事先维护好的预算模板及定义的公式，预算在进行编制过程中，预算的填列、上报与汇总等工作自动生成；能够实现滚动预算、弹性预算等多种预算方法的编制；实现流程管理与实时监控，对各级责任主体的关键预算进行重点监控并提供多级预算机制；能够与其他信息系统进行数据集成，即与 ERP 系统、资金管理系统、资产管理系统、人力资源系统、商业智能系统等建立良好的数据接口集成管理。

集团全面预算管理流程一般包括预算编制与审核阶段、预算控制与调整阶段、预算分析与考核阶段与外部系统集成阶段等四个阶段。

第一阶段，预算编制与审核阶段。预算编制与审核为整个预算中最为复杂的核心阶段。预算编制包括预算基础数据的准备工作和预算智能编制。预算审核是系统将自动根据用户预先定义的审批流程，将编制完成的预算数据逐级传递给相关的审批人员，同时通过消息的方式通知相关人员审批。

第二阶段，预算控制与调整阶段。预算控制与调整是指预算管理系统实施全过程的监控，通过系统消息、邮件的方式通知相关人员进行部分调整、整体调整或单一科目的调整等。

第三阶段，预算分析与考核阶段。预算分析与考核是指预算管理系统结合系统内外部的数据进行综合分析，提供全方位、多维度、多种形式、集成的分析与考核。

第四阶段，外部系统集成阶段。外部系统集成采用预算管理系统标准的外部系统集成工具，实现同企业内部应用的 ERP、财务软件之间的集成，从而实现企业信息数据的传输畅通；还可以通过外部系统集成工具同短信网关和 E-mail 等集成，实现预算系统处理信息结果以手机短信、邮件等方式及时通知的功能。

总之，预算管理是实行目标化管理的基础，是各项管理工作的源头。集团根据自己生产经营战略目标，科学合理地编制预算，并在业务活动中有效落实和严格控制，同时对预算执行情况进行汇总分析，从而改进流程，持续地提升企业的竞争力。预算管理系统与财务预算及控制体系高度集成，为集团式企业提供预算的编制、控制和执行分析功能，支持集团式企业预算指标的下发、预算数据的上报审批以及预算执行数据的上报汇总功能。

但是预算的实际执行效果，必须依靠信息技术支持。预算管理信息化主要作用包括以下几方面。

1. 规范预算，提升预算效率

通过预算管理系统的标准化实施，集团可以统一规范预算基础数据，统一设置预算项目、预算期间、预算模板、预算编制过程等，同时通过权限、流程管理，对预算岗位、角色进行梳理，对流程与操作进行规范。

2. 集团对下属公司进行分析和监控，真正实现了集团管控

预算效率的提升可以使集团对下属公司的预算执行情况进行分析和监控，落实集团管控策略。集团企业通过预算管理系统的实施将各方利益相关者的权责利进行具体化，形成了可度量化的指标。通过全面预算管理，集团可以规范各个利益主体对企业具体的约定投入、约定效果及相应的约定利益。在实施过程中，集团建立相互关联的多层级预算管理组织体系，各司其职，共同完成预算管理工作。

3. 提高了预算信息可见度

通过预算多维分析功能，管理层能够快速、准确地抽取关心的预算信息，充分发挥了全面预算在企业管理中财务指标监控的作用。通过预算管理信息化建设，极大提高了集团预算信息可见度。

4. 为多行业解决难题

集团业务涉及行业广泛，这种多行业特点决定了集团预算报表的复杂多样性。预算管理系统设计了覆盖多行业的预算管理系统，在总部和各分子公司对预算内容管理权限做了划分。

实践证明，预算管理信息系统是一个系统工程，以战略目标为导向贯穿于企业价值链的每一个环节；同时也是企业规避风险、提高管理水平的具体行动。

二、中小企业预算管理信息化现状

中小企业是国民经济的重要组成部分，占全国总数的99.8%以上，其表现为类型多、数量大、分布广，劳动密集型居多，经济成分复杂等特点，对经济增长贡献越来越突出，而且已经成为技术创新的主体，也成为增加财政收入的主要力量。信息化对中小企业的发展有巨大的推动作用，表现为降低成本，提高质量、效率，促进业务增长，推动技术创新，决策更加科学，增强客户黏度等方面，最终增强中小企业的竞争力，因此整个社会应该重视中小企业信息化的建设。

（一）中小企业信息化现状

通过对中小企业的调查研究，证明我国中小企业信息化普及程度不仅远低于发达国家的中小企业信息化水平，也低于亚洲其他一些国家的水平，主要存在的问题：在观念上仍有大量的中小企业对信息化的促进作用、效果及政府支持信息化建设的政策不了解；在技术方面，虽已有大多数的中小企业应用了互联网，但是将其技术应用于业务的比例还不到一半，实施电子商务的更少，极少数企业应用了ERP系统；我国社会服务体系还不健全，涉及的领域与内容还不完善等。软件供应商的推销宣传与政府的强制要求是实施信息化的信息来源。目前初级中小企业信息化软件主要表现为财务软件，并且价格因素为购买的关键因素；中级中小企业信息化软件主要表现为办公自动化软件、财务软件及人事软件等，购买产品时主要关注软件的应用性与功能需求。高级中小企业信息化软件为高级集成管理软件，提高企业管理水平。

（二）中小企业信息化存在的问题及其分析

1. 企业系统集成程度低

中小企业中很多是购买几套信息化软件，并且都各自孤立，形成信息孤岛，阻碍了各部门之间的沟通与交流，管理层无法对整个产品的状况进行全面把握，不能快速获得产品的全部信息，不利于企业进行决策。信息化建设中其中一个目标就是实现企业中管理、计算机、人及网络的集成，将生产经营过程中对产品的预测、产品的设计制造、管理、存储、运输、销售及售后服务等各个环节用计算机技术集成一个整体业务，实现业务总体优化。

2. 资金投入短缺，信息化人才缺乏

我国中小企业信息化水平由于受诸多因素影响在资金投入上普遍较低，信息化建设需要既懂计算机又懂生产管理的高素质人才来协助实施，然而我国总体上这样的复合型人才稀少，集团企业也缺乏复合型人才。企业信息化建设成本高，软件供应商不仅提供软件系统，帮助其实施建设，还提供后期使用与维护等服务，有些供应商也提供硬件产品，这样造成信息化成本非常高，影响了企业信息化的积极性与热情。企业管理不规范，内部阻力过大。尤其在我国，很多企业存在不重视管理层建设，管理措施及思想落后，管理缺乏有力的数据做支撑，管理手段低级等问题，很难使企业快速过渡到高层次与高水平的信息化管理模式。信息化的建设也意味着部门、管理机构的权力、责任及利益要进行重新调整，会牵涉内部很多人的利益，这也给信息化实施带来了阻力。

3. 管理不规范

管理不规范，信息处理能力和传输能力落后等问题也是影响企业信息化发展的重要因素；同时企业信息化建设缺少良好的外部建设环境，缺乏良好的信息服务宏观环境，社会经济秩序不规范，经济业务之间往来很烦琐，不能形成便捷的业务流程，缺乏信用保障体系等。

4. 企业规模的扩大速度超过信息化建设速度

我国中小企业成长比较迅速，规模不断扩大，可能行业也会有所变化，这要求原来的信息化产品能够适应企业的扩大及行业的变更。

5. 行业分布广，需求复杂

中小企业的行业分布广，需求复杂，软件供应商的通用方案不能很好适应中小企业的个性化需求。

6. 商业模式落后

中小企业的商业模式落后，没有充分利用互联网实现电子商务，内部管理、协同管理、电子商务、网络营销及电子政务的整体系统，未真正做到全程电子商务。

中小企业信息化可以从渠道、技术及系统等方面去满足中小企业的需求。中小企业基本上经历了或正在经历管理不规范不科学，制度不健全，人才缺乏，各种资源短缺，市场竞争激烈，信息闭塞等问题。信息化是企业发展壮大的渠道，同时信息化的建设需要大量资金的持续，由于中小企业本身资金紧张，这让信息化建设寸步难行，可能会影响到企业核心竞争力，由此可见，中小企业对信息化既渴望又畏惧。但在企业竞争如此激烈的今天，要想提高企业的竞争力与管理效率，避免面临管理瓶颈，企业必须应用企业信息系统来取得竞争优势。

中小企业结合自身经济业务，在决策、设计、生产及经营管理各个环节，充分利用通信技术、计算机、互联网及数据库等信息技术与设备，进行企业内外资源的充分利用，实现资源优化配置，不断提高管理效率和水平，提升企业经济效益和竞争力。中小企业信息化作用表现为：以提高经济效益为动力，提升企业竞争力为目标。信息化建设需要一定的人力、资金及物资的投入，同时又很难在短时间内取得显著成效，应该认识到信息化是以取得效益为标志的，没有效益的信息化不能成为真正的信息化，同时企业信息化的衡量也是多方面的，既要看到直接效益的增加，也要看到隐性收益的价值对企业的贡献；既要看到短期的利益，也要看到对企业长期发展的推动作用。因此信息化是中小企业发展的坚实基础。现代信息技术实现企业的工作流、资金流、物流和信息流的整体集成与管理，不仅可以提高经营管理的效率，降低经营管理成本，更重要的是能对市场的变化做出迅速的反应，很好地吸引客户，产生客户对本企业的依附感。信息化是根据企业工艺流程、客户需求、产品特点等为导向进行的建设，运用适合本企业的信息技术，达到了提高工作效率和竞争力的目标。进行信息化建设必须将经济业务与信息技术结合在一起，并且信息技术服务于经营业务，否则脱离了业务进行信息化建设必然导致失败。中小企业信息化建设需要每个部门的参与和支持，方能顺利实施。

我国中小企业在信息化建设中，很少企业能认识到信息化战略的重要性，不曾深入考虑企业长远的发展、未来发展方向、企业现有的资源状况及员工综合素质结构，也不曾考虑信息化建设工作应如何顺利走下去，不进行各方面的推敲，就实施了信息系统建设，没有仔细考虑这个系统能为企业带来什么，造成信息化目标与企业目标不一致，系统之间相互独立，数据传递存在问题而形成信息孤岛，无法形成共享集成的信息系统。还有一些公司因为政府推广与支持，也走上了信息化建设之路，这样企业管理层都不清楚什么是信息化，更无法与企业战略相联系，违背了信息系统建设与企业经营战略目标相一致的原则。企业战略目标的分解可引导信息化的正确建设，信息系统应针对企业不同阶段的发展目标进行建设。

（三）中小企业预算管理信息化

中小企业信息化水平不尽相同，一部分处于信息化起步阶段，一部分仅是购买了几套软件，总体上并没有从战略规划的视角进行信息化建设，信息化认知程度比较高的企业已经做了战略规划，但是业务流程没有与信息系统的业务流程相一致，从而阻碍信息化发展，甚至导致信息化实施的失败。因此，应从战略的角度出发，规划企业的信息化建设，指导预算管理信息系统遇到的问题。预算管理是企业管理的一种方式手段，信息化是企业的物理基础设施，实施信息化不仅能提高工作效率、辅助管理与决策，更为重要的是能够提高服务水平，对企业的业务运营和发展起推动作用，从而获得竞争优势。

中小企业根据自己的发展阶段和经济实力，结合诺兰阶段模型，选择合适的预算管理工具。中小企业预算管理信息化之路也会按照企业信息化浪潮的脚印依次实施预算管理信息系统。

总体上，我国企业包括集团企业在内信息化程度偏低，预算管理信息化程度更低。信息化水平落后的中小企业在进行预算管理时还是采用传统的预算管理手段，对于多数中小企业来讲，应用 Excel 进行预算管理是成本低廉并且效益较高的明智选择。在中小企业中预算的编制人员仍然是财务人员，不懂业务流程，编制不科学，并且耗费很多时间，编制的基本上为财务预算，很多时候得不到各个部门领导的认可。编制工作完成得到审批，在预算执行时会出现很多问题，无法

按照预算的编制去执行，很多指标没有考虑不确定性因素的影响，预算考核与激励只能流于形式。

信息化水平较高的中小企业已经实施了预算管理信息系统。但是中小企业的预算管理的业务水平也是影响预算管理信息化的重要因素之一。编制预算需要大量的信息，中小企业在编制预算时信息获取渠道很少且不畅通，特别是部门之间缺乏信息沟通，形成信息孤岛的状态，各业务部门之间数据彼此孤立，这样制定预算所需信息得不到满足，预算管理的工作就无法进行，这种状态严重影响了预算管理水平的提高。因此，要利用信息化手段打破信息孤岛的局面，提升中小企业预算管理水平，提高企业预算管理的信息化程度。基于以上中小企业预算中存在的问题，提出以下对策。

确定以企业战略为基础的预算管理理念：预算管理成为中小企业实现长期发展战略的保证；设立预算管理委员会，完善预算管理体系；编制面向市场的动态预算，适应复杂的环境变化。科学进行预算编制：对于中小企业尤其是小企业，业务比较单一，也没有成立专门的预算管理委员会，可以以管理和控制为重点编制预算，把营业收入、成本费用、现金流量作为重点编制对象。成本费用预算是预算支出的重点，是决定中小企业经济效益高低的关键因素。制造成本和费用的控制可以反映出企业管理的水平。使用适合自身特点的预算管理工具，让预算真正对中小企业的经营目标进行有效控制，依靠信息化手段使预算能够随经营环境的变化进行动态的滚动调整。

总之，在国内企业信息化建设浪潮中，企业预算管理必将经历 Excel 软件、财务软件预算管理系统、专业预算管理软件发展与ERP相结合的预算系统的过程。

第二节　中小企业预算管理体系及信息化实现模式

预算管理水平是衡量企业管理水平的一个基本标准。全面预算管理是事先计划与事中控制思想的重要结合，信息化手段帮助其实现了预算追踪与反馈及预警的功能。中小企业在预算管理方面实施水平各不相同，部分中小企业只进行业务的部分预算，还有一部分中小企业进行全面预算但实质上仅停留在财务预算层次，或是各项预算彼此孤立，缺乏统一性，只有少数中小企业真正实现了全面预算管理。预算管理信息化水平的高低主要取决于中小企业的预算管理水平与信息化水平的结合程度。

一、中小企业预算管理体系

企业所处的阶段不同，预算管理体系也存在很大差别，尤其中小企业与集团企业竞争中处于劣势，更要做好各阶段的中小企业预算管理工作，使预算信息化层次与中小企业发展水平相适应，增强其竞争力与可持续发展力。下面结合中小企业发展阶段介绍几种典型的预算管理体系。

（一）粗放式预算管理体系

粗放式管理用来比喻我国的传统管理，在经济投入、成本控制、人员管理、质量监管等生产环节没有一套合理有效的运行体制，管理只是为了完成某一既定目标，而没有一个科学有效的过程。在生产技术水平较低的条件下，主要依靠增加资金、人力、物力等生产要素的投入量来提高产量或产值的经济增长方式。

粗放式预算管理受到当时思想、管理水平、技术、经验等方面的影响，管理思路主要来源于管理人员的经验，以拥有的工作经验来展开指导工作，各个管理环节缺乏有效控制，即没有一个战略规划，看重眼前利益形成短期效应，过于迷信经验，依靠观点来指导行动，实施拼凑式管理，强调模式化。粗放式预算管理没有清晰做事情的程序，本末倒置，次序混乱，做事仅凭经验，一时头脑发热来做决策，缺少标准的过程控制，注重个体、局部的特殊性，执行过程不讲求规范，预算执行不到位。粗放式预算管理可能造成成本失控，资金管控不到位，周转资金严重不足，最终导致业务亏损严重等问题。

我国从计划经济向市场经济转化的时期，市场上产品供不应求，形成以产定销的情形。企业进行急速的规模扩张、在缺乏技术支持的条件下，不考虑自身条件进行扩大生产，粗放式管理模式的产生也是应时所需。在生产力很不发达、货

物供不应求的情况下，企业生产什么，消费者就只能购买什么，没有选择的余地，当时的这种经营模式也满足了人们物质生活的需要，提高了人们的生活水平。企业在起步时采用粗放式管理能够对市场的变化迅速做出反应，简化了很多不必要的程序，善于抓住市场转瞬即逝的机会获得迅速发展，赢得企业的竞争力。中国转型期粗放式经济管理模式被锁定的内在根源在于政府，在中国从计划向市场转型的渐进过程中，政府的主导作用是毋庸置疑的。在中华人民共和国成立初期很多地区经济快速发展，在很大程度上是靠能源资源的高投入、高消耗来拉动的，甚至以牺牲环境为代价；随着现代社会经济和文化科技的发展，人们在物质和文化方面的需求越来越广泛和多元化，按照以产定销方式进行计划生产的企业出现了种种困难，陷入了资金紧张、资金链断裂的局面，甚至破产。粗放式生产造成低生产率、高能耗、高次品率和低质低价的现状。我国现阶段以投资为主的粗放式增长模式仍然没有得到根本改变。投资比重过高，导致能源消耗量大，环境污染加重，不能持续发展，又由于国内需求不足，出口外贸依存度增大，贸易环境恶化，直接影响了我国经济的发展。

粗放式预算管理实质是没有合理规划地进行大量资产注入及扩张生产的行为，凭借个人主观意念及管理经验进行的预算管理。中小企业与集团企业相比，本身存在很多竞争劣势，加之现阶段的企业间的激烈竞争为全球性竞争，粗放式管理方式对中小企业来讲百害而无一益，但是粗放式预算管理体系下的决策速度是值得每一个企业学习的。

（二）单一项目预算管理体系

企业真正的预算应该是从使用 Excel 软件作为预算编制工具时开始的。预算管理软件的发展大概经历了几个阶段：Excel 软件，财务软件的预算功能，专门预算管理软件，与 EPR 相结合的预算系统。

Excel 软件作为最初的预算管理工具，在很长一段时间内发挥了很大的作用，直到现在，很多企业仍然在使用 Excel 软件编制企业预算。对于多数中小企业而言，在企业发展的初期，应用 Excel 进行预算管理工作不失为成本低廉但效益明显的选择。但是随着预算管理精细化需求的不断提高，使用 Excel 软件进行手工预算编制和管理的方式将越来越难以适应企业发展的要求。弹性预算是企业在不能准确预测业务数据的情况下，根据业务数据之间的数量关系，按照有规律的业务，充分考虑到外界因素的变化而编制的有伸缩性的预算。中小企业可能业务量比较少，变化的基数比较小，然而 Excel 工具正适合中小企业进行弹性预算。

预算需要企业的各部门共同参与编制，其中某些部门的预算编制需要运用其他部门预算的数据，预算编制过程中各部门之间需要大量和高频率的数据交换。因此，预算编制必然需要企业内部各部门之间加强协调和沟通。运用 Excel 软件编制预算，各部门之间缺乏一个共享的数据平台，数据共享、交换和流程管理的工作都要通过人工传递的方式实现，会大大影响预算编制的效率及数据的准确性。使用 Excel 进行预算存在诸多问题，如效率低下、准确性差、编制周期长、预算的编制不够精确、预算控制不严格、难以进行分析与控制等。预算管理过程涉及相关的组织结构、预算主体及很多管理工作，Excel 软件功能的简单性使其很难实现实时动态预算。预算数据包括企业的经营、财务目标和计划数据，属于公司的机密信息。但是 Excel 无法实现权限管理的功能。由此，严格意义上说，Excel 并不具备现代企业全面预算管理的功能。

财务管理软件中包含预算管理的功能，具有预算编制、预算分析、弹性预算、预算实时控制等功能。财务管理软件设计的内容主要是会计，不可能将企业的业务内容包含在其中。全面预算的内容很多，各个软件供应商都在努力做好全面预算体系，在预算管理信息化进行中，财务管理软件可作为过渡性的预算管理软件。

中小企业财务软件中的预算管理体系，涵盖了计划、采购、成本、费用、库存、销售等业务环节，将企业经营过程的所有环节纳入预算管理中。通过业务预算、费用预算及资金预算的集成，以销售为起点进行预测，经过物料需求计划的计算，自动生成采购、生产及成本的预算，同时对各部门经营管理信息进行汇总，制定各项费用预算及资金收支的预算，并根据预算结果进行采购、成本、费用、库存、销售各个环节的实时监控与指导，从而也保证了各个环节对企业资源进行最优化配置与控制，促进战略目标的实现。

在编制过程中充分考虑了各个领域之间的业务管理，采用计算、下推上拉、

自动生成等方式，在总体资源有限的情况下，对可支配资源进行安排、调度与调整，帮助企业细化战略规划和年度经营计划；在预算执行时，可以提供预算控制策略设置功能。从业务发生源头进行控制，直接影响采购订单、销售订单、费用报销单、差旅费报销单、付款申请单等单据的实际处理进程，对经济活动进行了实时指导和控制；在进行预算分析时，提供详细的预算执行分析报表，支持从供应商、客户、部门、职工等多维度的分项及汇总统计预算与实际数据差异，有助于企业决策层清晰评价各个责任中心的工作业绩，并帮助其分析具体差异原因，采取适当的纠偏措施，同时为后面的预算编制与调整提供宝贵经验，使其预算管理进入良性循环。

构建了完整的业务预算流程，中小企业可以采取以销定产的模式编制业务预算。由销售部门业务员分别提交销售明细计划，预算人员汇总编制销售预算，审核部门根据年度预算指标、行业形势、产能变化等对数据进行调整，之后确定销售预算值；以销售预算结果为基准，系统根据 BOM 和库存量运行 MRP，得出生产预算、采购预算、库存预算和成本预算数据，上述预算经各部门平衡和审核后生效；以生效的预算和控制策略为依据，系统自动对生产任务、采购申请、出入库业务等单据进行过程控制；同时出具各项预算的执行分析报表，每月根据预算差异考核相关业务部门业绩，形成完整的闭环管理。

对费用进行规范严格的控制，根据费用分类不同，编制和控制方式也有所区分。制造费用预算主要以销售和生产预算计算结果为依据，调整审核后确定，财务费用、销售费用、管理费用由各部门分别编制，经审核部门平衡和审核后生效；系统根据生效后的费用预算，自动控制费用管理系统的费用报销过程；系统提供详细的费用预算执行分析报表，作为部门费用考核的准确依据。中小企业可以将管理、销售、财务、制造费用进一步细化为费用条目，将原来的费用条目更加细化，根据费用性质对每项明细费用条目实施具体控制，实现费用的精细化管理。

综上所述的预算管理体系，存在很多优缺点，适合不同发展阶段的中小企业的预算管理水平。

（三）精细化预算管理体系

随着市场竞争激烈程度的加深及企业的需求，必须要建立全面预算管理信息化平台，构建全面的预算管理系统，促进企业经济效益的增长，实现精细化预算管理。对于中小企业来讲，进行精细化预算管理可以实现管理专业化和资本专业化，实现对成本的严谨管控，达到成本精细化管理，同时在企业中倡导成本管理的理念，使其发展为企业的成本精细化管理文化理念，更好地服务于企业资金的运营，促进中小企业持续发展。对于资金短缺的中小企业来讲，实现成本精细化管理是进行持续发展的前提。成本精细化管理是全局的成本管理。传统成本管理只重视生产中的资源消耗、采购费用、管理费用及销售费用的增减变动，追求成本的降低，没有形成产业链及工序之间价值的增加，即没有形成成本管理的系统思想。成本精细化管理则是将企业的整个经营活动看作一个整体，力争达到企业整体效益最大而非企业成本最低的目标，重视各个部门各个成本环节的相互协调，防止出现企业追求局部成本低而损害整个企业整体利益的情形，真正做到成本管理的系统性与全局性管理。

精细化预算管理是一个不断发展与完善的过程，其中的成本精细化管理也是如此，精细化体系的建立大体要经过两个过程：一是将成本费用进行细化与量化，确定每一成本费用的合理具体数值；二是要实现成本精细化预算管理的信息化，要对管理模块进行调整，管理制度进行改革，按照细化指标进行数据传递与归集。一般情况下，企业需要进行重新梳理业务流程、完善基础管理工作、更加具体化预算管理制度及与之配套的绩效考核体系，并且实现生产管理、物流管理、库存管理、核算管理及报表管理等体系的重新整合。全面预算管理系统采用了精细化管理思想与理念，构建了精细化预算管理体系，同时精细化管理作为一种全新的管理理念，是一种管理方法和手段，也是不断追求创新和改进的管理过程。精细化管理最大的贡献在于对成本的控制和管理水平的提升。精细化管理应用在预算管理体系中发挥了巨大的作用。精细化预算管理在企业的生产与运作中得到了很好的应用与体现，特别是在企业流程的每一个细微的环节中，尽力使每一环节数据化、精确化，使决策更具科学性与可操作性，用精细化的思想指导企业进行持

续不断改进、不断创新和优化的可执行的预算，进而提高可持续发展力。精细化预算管理体系注重全员参与，每一员工都是企业的管理人员，同时每一员工也都是企业管理的对象，每一员工都是企业精细化预算管理的主体与实施者，只有每一员工参与到精细化预算管理中来，发挥自己的潜力，成为企业竞争力的有效组成部分，精细化预算管理才能成为现实，发挥应有的功能。

精细化预算管理体系应遵循以人为本原则，人既是管理者又是管理对象，充分调动人的积极性才能实现有效的管理。精细化预算管理体系应遵循制度化原则，任何成功的企业都离不开健全的制度规范，俗话说“无规矩不成方圆”。企业根据自己的实际情况，将实施过程中得到的方法与措施应用于预算管理系统当中，发挥促进作用。创新性原则，创新是企业提高竞争力的灵魂，是企业发展的不竭动力，企业应相信员工，尊重首创精神，并支持激励员工创新，探索出具有创新性的精细化预算管理新思路，成为推动企业可持续发展的动力源泉。持久性原则，精细化预算管理必须坚持持久性原则，是一项长期的系统工程。

精细化预算管理系统是预算管理思想在总结大量的成功经验与失败教训基础上的实践中的具体应用，代表了专业人员的最高预算管理水平，同时代表了信息技术在企业管理中的具体实践。精细化预算管理系统实现了自动化的数据管理，提高了整体的管理水平；可以更加科学合理地分解战略目标，完善企业内部控制机制，建立公平、公正、公开的管理制度；实时反馈预算的执行情况并运行分析，找出问题症结所在，加强整体监控力度；同时嵌入了智能的数据钻取功能，辅助管理人员进行决策，提升了预防和解决经营风险的能力。在精细化的预算管理体系下，企业的预算管理要服从于企业战略目标，并且能够做到对业务进行严格控制，预算控制是以作业为基础进行的预算，有效避免了经营活动中的低效率与无节制浪费问题，真正实现了企业资源优化配置，实现了精细化管理。

中小企业对成本的控制基本上停留在宏观层面，没能做到将管理中出现的问题量化到管理环节与细节上，也没能将管理与过程紧密结合，责任中心的职责不够清晰。在进行成本精细化管理时，将总体目标的形成原因和过程量化到各个经营环节的数据上，从成本的归集上反映管理中存在的问题，通过过程和环节的细分，直接或间接发现影响总体情况的各个环节和细节，从而找到问题的根源，使成本构成透明化，管理更加科学与具体，程序更加规范。成本进行细化后，即使当某一指标出现问题，可以进行层层分解，将数据追溯到责任中心和经济业务及各个环节，全面掌握成本细节及形成原因，及时发现管理存在的薄弱环节，大大提高公司的管理水平和经济效益，并推动技术改革创新，同时大大节省了成本，减少了浪费。

中小企业以成本为起点的精细化预算管理模式，一般以目标利润为依据，以市场价格为变量来预测规划公司总预算成本，再分解到公司的各个部门，形成约束预算单位行为的分预算成本。严格控制预算执行过程，考核预算执行结果，及时纠正调整偏差，将公司的经营目标细化到生产的各个环节，有效推动精细化预算管理的实施，增强企业竞争力。成本控制需要运用精细化的方法进行逐项分解、逐项提高，在具体的业务环节中，将可控成本细化到最末端，完成可控成本的分解工作，然后根据总成本数进行成本的项目指标分解，责任目标落实到人，成为考核责任人或单位的依据。例如，将接待费用细化到各部门，将办公费用细化到个人等。性质不同各个部门进行弹性精细化预算时采用的成本计算方式也不同。生产部门按照工时进行费用的确定，行政部门费用的开支非常刚性，采用限额支保，超额不补的原则，销售部门作为企业经济来源的主要部门采用以收定支的弹性预算方式，费用额度是销售收入的函数，这样既进行了有效控制，又激发了工作积极性，避免了资源浪费现象，树立了成本节约观念，总之是将各项费用进行了有效控制。

二、中小企业预算管理信息化实现模式

中小企业预算管理信息化建设应遵循信息系统进化阶段模型，结合自身业务需求逐渐进行信息化建设。根据企业中预算管理信息化使用情况，笔者将其归类总结了以下几种实现模式。

（一）离散型的预算管理模式

离散型预算管理模式通常是手工编制、应用 Excel 软件进行的预算，其操作

简单，具有功能强大的表格处理与计算功能。当前处于信息化水平初期阶段，即为诺兰阶段模型中的初始阶段和传播阶段。现今，中小企业已经意识到信息化的重要作用，正在或正在准备进行信息系统建设。离散型的预算管理模式属于比较初级的预算模式。

在没有信息化手段支持的预算管理过程中，预算管理人员的主要精力集中于数据的收集、检查、汇总等工作上，工作效率很低。预算分析的周期长、滚动预算、弹性预算等难以实现。离散型的预算管理模式主要特点如下。

1. 预算与战略脱节

预算与战略脱节，无法通过预算体现出企业的战略高度。传统的预算往往只与企业短期目标相联系，在编制过程中，预算目标的确定通常是在上一年完成的基础上的追加，忽视了外界环境、未来市场及竞争对手的变化，不了解以上因素，对于自身没有很清楚的认识与定位。

2. 预算缺乏柔性

现代信息流通畅通无阻的社会，战略管理的重心不再仅是长远的规划与安排，而是要保证瞬息万变环境下企业的快速适应能力，制定应对不确定性因素的策略。战略模式的转变要求预算模式的创新。此种预算管理模式虽然也存在预算调整事项的设置，但是除非内外环境发生很大变化时，才允许进行调整，并且进行调整的流程烦琐，通常会错失良机，或是无法应对局势的恶化。

3. 注重财务数字的预算，忽视经营业务数字的预算

预算的结果最终是以数字的形式展现的，但一直以来，非财务指标难以与财务指标建立数量关系，将预算等同于财务预算，简化了预算难度。进行的预算大多是就一个项目进行的预算，单一表格的预算，并且很少涉及内部流程、人力资源部门等企业层面。

4. 执行与考核流于形式

在此预算模式下，企业往往在进行运作时忽视了预算对其的约束，预算无法进行控制，任务完成后手工对比任务完成情况，缺少对完成质量的考核与奖励机

制。由此可以看出，预算急需信息化帮助其实现控制功能。

这种预算模式比较适合于集权式信息化水平较低的中小企业，尤其是适合业务单一、产品种类少、组织结构简单的中小企业。此外，手工预算管理的粗放与效率低下，以及无法针对市场变化进行快速、准确的动态调整等问题也在困扰着中小企业。

（二）单一项目预算管理系统模式

中小企业产品比较少，业务相对来讲比较单一，对于信息化程度不高，并且对于预算组织体系不完善的企业，根据企业业务需求与战略定位，结合诺兰阶段模型的传播与控制阶段，使用 Excel 工具、商务智能软件及财务软件中的预算功能进行企业预算是非常明智的选择。

中小企业可以使用 Excel 进行单一项目弹性预算。现在的很多企业包括集团企业开发了功能强大的 Excel 模型作为自己的预算管理系统。因为 Excel 虽然为电子表格，但是精通 Excel 的计算机人员了解其强大的商务智能功能，进行系统的开发。当自变量单元格数值发生变化时，与之有关联的因变量单元格会随之发生改变，不需要预算人员一一改动，提高了预算速度与效率，为预算调整提供了便利。通过计算机技术与经济业务相结合，可以掌握各业务数据间关系的理解，建立各种业务的数据分析模型，通过控件的使用，建立动态的预算表格，方便对未来经营中的各类变动因素进行模拟预测。使用 Excel 工具可以实现月度、月度累计、年度等各种方式的预算控制，同时可以提供考核公司内部各部门的工作业绩的数据依据；对 Excel 进行恰当设置，可以轻松实现预算事中控制；分析与比较企业管理中预算控制点和其所起的不同效果；分析预算管理与会计核算之间的时间性、条目性、范围性等差异；可以对数据进行有效的设置，快速进行数据合规性的审核等。Excel 可以进行预算与实际执行的分析，数据透视表在分析功能中的高级应用表现为费用明细账快速转换成部门费用分析表，预算占用和使用差异分析，各部门预算执行状况分析，构建各种分析模型，成本费用和销售之间的趋势分析，客户盈利分析，找出原因，通过精细化管理，寻求发展等。总之，对于业务量比较少的中小企业，使用深入的 Excel 功能可以满足弹性预算的需求。

但随着预算管理涉及面的不断扩展和企业管理精细化要求的不断提高，仅依靠 Excel 进行手工预算编制和管理的缺陷将越来越突出，这主要表现为：缺乏预算数据信息交流平台；难以实现预算编制以外的其他预算管理；缺乏权限管理，预算管理保密性和安全性得不到保证，无法建立权限管理，在没有很好掌握 Excel 软件功能的情况下，无法实时获取实际业务信息能力，只能进行手工对比预算的执行情况，预算控制只停留在事后控制上，缺少必要的控制手段，不能引入其他系统的数据并及时进行预算分析，不能保证信息的及时性与完整性，不能建立科学的分析模型提供决策支持；各预算之间缺乏严密的逻辑关系，很多预算间应有的关系没有建立，加之预算编制、分析过程中庞大的工作量，难以形成一个高效的、统一的预算管理平台，各部门业务单元的活动无法与预算进行快速传递、有效对接，导致企业在资金管理和费用控制等经营活动上的信息支持与控制弱化。

预算管理对成本的控制是当前中小企业预算管理的重点，是财务管理的核心，对于中小企业来讲，资金的短缺现象对于加强成本控制显得尤为重要，预算管理对中小企业来讲更重要。中小企业业务量比较少，项目比较单一，如果项目工程比较大，可以针对每一项目进行预算管理，将每一项目作为一个大的工程项目进行严格管理。基于以上 Excel 预算管理的优缺点，借鉴成熟预算管理系统，针对中小企业特点，笔者提出利用现代化的商务智能软件基于外界环境的变化与内部环境的结合，开发具有柔性与弹性功能的预算管理系统。笔者提议使用水晶易表软件建立基于中小企业项目的柔性预算管理系统，开发设计时要融入市场大量的不确定性因素，达到动态预算效果，又同时可以实现从不同角度进行自动分析，如月度及累计月度预算与实际对比分析、预算完成进度分析、预算完成情况的差异分析等。此柔性预算管理系统虽说是按项目进行设计，但项目预算也形成了统一的预算模板，若是预算模板中存在的指标项目中不需要设置或是不存在，那么预算值为零。即先设置一个通用的预算表，预算各主体根据管理内容与需要设定适合该项目的预算表，通过预算事项之间的关系形成项目预算模板，多种项目汇总形成统一预算模板。同时可以针对每一项目设置预警方案实现预算的实时控制，即在达到预警值或是超预算的情况下，系统会自动进行控制或是预警提示。项目完成后或是进行中，此系统可以对项目进行预算分析与汇总，也可根据时间或项目，对多个项目进行不同费用的分析比较、进行累计完成率分析等。此系统突出特点表现为将数据转化为图标，实现数据可视化。虽然自行开发的预算管理系统能力有限，但是类似于全面预算系统，也可实现按月、季度及年度的预算执行汇总与分析。此系统是Excel预算的模型化与标准化，增加了预算柔性。

单一项目预算是根据企业所处行业竞争环境与自身条件确定合适的战略目标，制定各个项目对战略目标的贡献，针对单一项目进行预算，制定业务计划，根据业务计划编制预算，包括经营预算、资本预算与财务预算等。下一步进行项目类别的预算编制工作，适合项目预算的项目应编制相应项目类别的年度预算，确定每一项目的年度预算及所关联的预算科目占用的预算比例；根据项目划分标准填写相应信息进行项目预算编制，包括项目基本信息、项目预算及分解到季度、月度的预算目标和现金流预算等；项目在执行过程中根据项目的进展及发生的事件进行合理的项目预算调整，如增加物资采购的成本、减少管理费用等。对各个环节进行预算管理最终都归结到财务上，笔者认为财务人员在信息化环境下应实现自保能力，即不仅要具有专业的职业判断能力，也要具有较高水平的计算机操作能力，与各个部门的人员团体合作，开发出适合项目的动态预算管理系统。此系统融入了弹性预算的理论，具有适应动态环境的特点，即该系统适用于企业所面临的内部和外部迅速变化的经营环境，使企业能够适应瞬息万变的环境，同时预算存在问题时可以及时调整，执行人员发现既定预算不能适应环境之时可以经过程序审批及时调整与纠正；预算管理促进了管理水平提高，柔性预算管理不仅明确了各个部门在预算管理中的职责，还加强了各个部门之间的沟通与交流，增强了各部门间的协作，有利于工作的进一步展开。

中小企业信息竞争能力不断增强，通过财务软件的充分应用不断提升信息化水平，通过预算管理进行战略规划的分解，可以以营销为起点，以成本控制为基点，以资金平衡为重点，构建企业战略规划、目标管理、业务计划、财务预算和绩效评价体系，实现战略层、经营层、作业层三层组织机构协调流程的整合。借

助信息化平台的支撑，对物流、资金流、信息流和实际业务进行全面控制。

实现资金的严谨管控，资金预算根据收支性质不同，编制和控制方式也各有区别。资金收入方面，根据销售预算结果生成销售收款预算，另外，财务部编制融资和其他收入预算；资金支出方面，根据采购预算和费用预算分别生成采购付款预算和费用付款预算，根据融资预算生成债务偿还预算，另外，财务部编制投资和其他支出预算。上述预算经平衡与审核后生效，系统根据生效的预算自动控制应收、应付款系统以及现金管理、网上银行系统的收入款单据。可以对收款单据采取弱控制，即提示为主，不干涉业务进程；对采购付款根据金额、部门、供应商、产品、付款方式等维度进行灵活控制；对于超限额的费用付款，严格控制，不予报销。系统提供明细的收付款预算执行分析表，作为部门资金考核的依据。通过应用预算控制平台对资金业务进行逐笔管控，这样企业的资金收支的计划性明显增强，资金使用效益进一步提高，额外支出额度大幅降低。

总之，单一项目预算管理系统模式，融入了很多现代管理思想与理念，虽然此模式发展得不是很成熟，但是可以成为从传统预算到精细化预算的过渡预算模式。

（三）预算管理系统模式

中级及中级以上水平的中小企业的信息化阶段达到了诺兰阶段模型中的集成与数据管理阶段，信息化水平层次比较高，采用专业的预算软件进行预算管理。目前大量的软件公司热衷于专门预算软件的研究与开发，认为预算管理是提高管理水平的主要途径，预算管理信息化是实现企业信息化的关键，是企业信息化的活力。软件公司通过对中小企业长期调研与分析基础之上，设计了比较成熟的各种预算管理软件来满足不同行业的需求。预算管理软件实现了预算编制与业务的全方位结合，实现了灵活、多角度、实时的预算分析，满足事前、事中的预算控制及预算管理支持决策。

现阶段北京诺亚舟公司、科博公司、海波龙公司等致力于开发专业预算软件制定全面预算管理方案来满足各行各业，大大小小企业的需求，通过完善的流程管理和系统设置，帮助实现了对企业预算的闭环管理，真正实现了全面预算管理。

预算管理系统实现了编制与业务的全面结合，预算管理涉及企业全面的业务逻辑，包括销售、生产、采购、财务、费用分摊、成本计算等方方面面，并随着企业的管理水平不断精细化。

预算编制是全面预算管理的基础。系统帮助企业实现了以销定产及预算系统整个过程的自动化，根据产品库存和销售预算自动计算出生产计划，根据生产计划和产品 BOM 计算出直接材料的消耗，进而根据原材料的库存情况，自动计算出采购预算，大大提高了企业经营活动的效率和准确性。预算编制周期大大缩短，财务人员摆脱了过去繁重的重复劳动，转向更有价值的预算分析与控制上来。预算系统对预算主体的所有经营活动生产成本、销售收入、利润等有了更为精细和科学的计划预算。

预算管理系统能进行满足事前、事中的预算控制。通过预算控制系统，企业预算管理部门可以很方便地对各预算单位的预算进行有效预警和控制。

预算管理系统支持企业决策，为企业经营提供精细化支持：预算管理系统除了提供操作、管理和分析功能之外，还能够为决策层提供直观的、仪表盘式的关键指标数据展示，动态显示预算关键指标数据及其实际执行情况，并能够针对特定指标钻取到明细业务及财务数据。

建立全面预算管理信息平台，加强现金与利润管理。采用全面预算管理，将预算与业务紧密结合起来，对与产品相关的所有投资活动、财务活动和经营活动的未来做出预期、预测和计划，并根据市场状况的变动，灵活建立不同的利润和现金流预测模型，让企业在市场变化时及时掌握现金流与利润情况，降低决策风险。预算管理系统的实施帮助企业实现了预算的动态调整与现金流预测的联动。根据对市场价格变动趋势，灵活预测不同价格条件下的企业利润情况，从而让管理层预知现金与利润情况，从容应对原料价格变化，有效控制费用提升利润。

综上，专门预算管理软件提供预算工作的协同工作平台，从业务到财务一体化的预算模型，灵活的预算审批流程，高效的预算调整，滚动预算工具，强大的预算监控分析，与其他系统进行数据集成等功能，提高预算的灵活性和精细化程

度；改善预算编制的方法，提高预算的合理性和可执行性，如利用零基预算编制方法；以预算为标准，对实际资金支付进行事前实时控制，解决企业预算控制滞后的难题，大大加强费用控制；以预算为标准，对各责任中心进行绩效考核，提高预算的执行力。

（四）与管理系统相结合的统一预算管理信息化模式

高级的中小企业预算管理思想在企业中运用得比较自如，信息化水平也达到了集团企业的高度信息化水平。这时中小企业信息化已达到了诺兰阶段模型中的成熟阶段，在ERP系统中进行精细化预算管理系统的建设与应用。

企业管理信息系统中包含了销售子系统、市场子系统、生产计划子系统、采购管理子系统、存货子系统等，预算管理子系统的实现依赖于管理信息系统提供的统一信息平台。企业实施ERP，对业务流程进行重组使之规范和优化，并且要求供应商、制造商、销售商和最终用户有机地结合在一起，成为战略联盟；企业的财务、生产、销售、库存管理等多个环节产生的信息流被集成在ERP管理系统中，实现了信息的统一与共享，解决了信息滞后，信息不一致等问题，同时企业中的业务人员，都有自己的业务系统模块与权限对其事务发生数据进行录入与修改完善，其他人一般没有权限进行修改。

1. 预算管理系统中的预算数据的确定

在信息化环境下，应采用零基预算为主，滚动预算为辅的方法来确定预算数据。细化预算内容与作业的对应关系，清晰分析预算编制与预算执行的差异，从而总结经验，调整预算数据与管理策略，提高资源利用率，发挥预算对工作的控制作用。预算的控制是通过预算系统的控制功能来实现的，一种方法是设置系统控制规则，系统根据规则自动审批；另一种方法是通过设置权限人工审批。预算不仅可以提供各种长度的预算分析报告，还可以对预算结果进行详细深入的分析，检查各个指标的执行情况，分析产生预算差异的原因，并调整下一阶段的预算与生产经营情况。预算管理信息系统根据ERP子系统中数据的变化进行预算动态编制，编制完成后将预算编制的数据传递给ERP各个子系统，相应的业务人员根据预算指标进行业务，根据相应的业务将数据录入自己负责的子系统中，系统会自动与预算数据进行对照和比较，形成一个闭合的管理系统。

2. 预算的实施控制与调整

设置预算单位与项目，对于中小型企业，预算单位包括工序、作业、车间及整个项目等。对于资金耗用的划分可以划分为费用要素与成本项目，有利于分析用于不同目的的费用支出状况与其合理性。预算的编制以作业为基础，便于进行预算控制，同时作业归属部门也很明确了各自的责任，同时也为预算考核与激励提供了可靠依据，使预算真正做到了精细化。在预算编制完成之前对 ERP 中的各业务子系统事项进行设置，形成预算控制数。当经济事项发生之时，该事项对应的业务数值录入系统，数值的大小会与控制数进行对比，根据控制方法进行有效的控制。财务业务一体化使得企业的经营业务的信息流能实时准确地反映出来，预算管理信息系统根据实情实施进行调整，从而加强有效的管理和控制，适时调整业务预算。应用 ERP 系统后企业可以进行预算调整，所有调整都保留痕迹，可以随时查询历史调整情况。管理者在对预算调整进行审批时，可以动态查询相关影响，为如何给出审批结论提供辅助信息，提供绩效管理依据。企业在预算执行的过程中，应用 ERP 系统后可以对企业的预算按照部门为单位归类汇总为部门预算，形成部门的责任，有利于企业内部受托责任的划分与奖惩，做到有据可依。

3. 预算分析与考核

对企业内部各个环节的执行结果与预算数据之间的差异进行分析，分析产生差异的原因及责任的归属，从不同角度进行差异分析，找出预算的不合理之处与生产经营的不合理之处，对其人员进行考核及激励。

ERP 作为企业的管理信息系统，融入了现代管理思想的精华，集合了企业的信息流，与预算管理系统相融合，为企业总体目标的实现提供支持，为预算的执行提供保障，提高了预算编制的准确度和差异分析的科学性。现在处于信息化时代，计算机硬件、互联网、数据库及管理信息系统软件等信息技术使先进的预算管理信息化成功实施成为可能。成熟的 ERP 系统能够支持多种预算管理模式。

不同性质或是相同性质的企业不同的预算管理模式，如以资本预算为中心的预算模式，以销售为起点的预算模式，以成本费用为中心的预算模式，以现金流量为中心的预算模式，应用 ERP 系统能够支持这些不同的预算管理模式，满足企业在不同经营阶段采取不同的预算策略的需要。

预算管理系统是 ERP 企业应用套件的一个重要组成部分，预算管理与财务、业务系统集成使用，实现了不同角色对企业预算编制、预算汇总审批、预算执行监控、预算调整和预算执行分析的全过程管理，并为企业的事前计划、事中控制、事后分析提供了有效的工具和必要的手段，充分体现了预算管理在企业管理中的核心作用。

第三节　中小企业预算管理信息化的实施路径

中小企业进行预算管理信息化建设必须遵守必要的实施原则，采取必要的实施措施，深入分析实施要点和实施的可行性。只有这样才能为成功实施预算管理信息化做好铺垫，如果各项工作没有到位，会大大影响实施信息化的效果。预算管理信息化建设属于企业信息化建设的组成部分，只有企业信息化建设取得成功，预算管理信息化才可能发挥作用，所以本节以如何进行企业信息化建设为描述对象进行展开。

一、中小企业预算管理信息化的实施原则

信息化建设应做好整体规划，遵循一定原则，分阶段实施以达到企业目标；不仅涉及技术装备的建设，而且涉及组织机构的建立和相关人员的配备与培训，是一项复杂的工程。

（一）以企业战略为导向的原则

从企业的长远发展战略出发进行信息系统建设，避免没有目标的系统建设，充分利用企业现有资源来满足业务各方面需求。信息化建设不仅涉及技术装备的

建设，而且涉及组织机构的建立和相关人员的配备与培训、业务流程再造，涉及组织结构的调整和利益的再分配，是一项提升企业管理能力的复杂工程，而不是单纯的信息技术的创新和应用，必须明确企业战略目标并以此为导向，避免孤立实施项目而形成信息孤岛。同时企业信息化的实施也是以盈利为基本原则的。众所周知，企业作为营利组织，盈利是其追逐的根本目标。当今，市场与经济环境的风云变幻，消费需求日趋成熟，业务越来越复杂，市场竞争越来越激烈，使得企业对高效率管理工具的需求成为必然；经济一体化的大趋势使得企业生存与发展越来越依赖现代信息技术与计算机网络技术来提高竞争能力。在企业制定规划和实施方案时，必须根据企业发展规模和营利能力考虑信息化的投入与规模。

（二）整体规划、分步实施、持续改进的原则

企业信息化是一个持续改进，不断完善的动态过程，应以整体规划、分步实施、持续改进的原则进行建设。企业在实施信息化前要对本企业有正确的定位，信息化规划并不能解决企业的经营与战略问题，因此进行信息化规划时必须花大力气重新仔细审视企业战略，确定信息化目标，结合企业自身特点确定信息化建设的关键需求、方针、阶段、深度和力度等来迎合企业未来发展，提升核心竞争力，同时根据信息化发展趋势与企业战略目标的结合，对实施信息化建设可能设置的机构、职能、标准及进度等内容进行全面系统的规划，保证信息化建设有组织、合理化、有秩序地进行，这有利于降低信息化建设失败的风险。在信息化建设战略指导下，结合企业实际情况，总结分析，稳步推进，由浅入深，由易入难，进行踏踏实实的建设，逐步建立起适合企业发展需求的信息系统。

信息化建设既要大处着眼，又要小处着手，是分阶段、分步骤实施的过程，每阶段每步骤都有相应的重点和难点、原则和策略。企业进行信息化建设从整体考虑，以全面和长远的观念来制定信息化建设总体规划，规划的制定应远近结合，根据企业实力并结合企业发展需要制订总目标下的分步实施计划，要分阶段引进和实施，并且一定要有信息化经验丰富的人员和专业的信息化咨询公司参与实现信息化建设总体方案的制订，避免孤立设计和实施项目而形成信息孤岛。信息化

建设需要一定周期，不能急于求成，一步到位，应坚持统一规划、分步实施的原则。企业信息化建设需要根据企业所处的不同阶段不同状况对症下药，如果追求一步到位，忽略实际情况，可能造成拔苗助长的结局，正确的做法为引进技术、消化吸收、产生效益，滚动式投入，开创应用新领域，使信息化发挥更大的效益。信息化建设应遵循一些基本原则，确保信息化服务于企业战略目标，为企业创造价值。

预算管理信息系统对于企业推进信息化水平的提升具有重要的推动作用，因此企业应该将预算管理信息化建设放在重点优先的位置上，将企业一定的资源用到预算管理信息系统的建设环节上。同时在信息化实施过程中，系统建设需要统一的数据，应做好信息化资源的规划与管理，确保所需数据有统一的采集、传递、分析的标准，保证数据的一致性。

（三）信息化实施应以提高工作效率、提供有价值信息为原则

管理存在的目的是通过协调资源帮助组织达到绩效和取得成就，现代意义的企业不再是传统意义的体力劳动的组织，而是以知识工作者、经理人员和专业人员为主要劳动者的组织，需要发挥员工的智慧，企业将大量的人力、物力和财力投入信息化建设中，让员工利用信息技术来提高工作效率、提高生产力，创造出消费者满意的产品，提高产品竞争力，企业获得竞争优势。在精细化管理的今天，只有掌握准确及时的信息才能指导企业不断做出有效决策。企业的信息化水平决定了提供信息的价值性。只有信息系统提供的信息是及时与准确的才可能是对企业有价值的，满足管理的需求。

二、中小企业预算管理信息化实施可行性分析

企业信息化是企业增强市场竞争力的法宝。大型企业在企业界率先实施了信息化建设，并已发挥了重大作用，造就了一批具有优异的创新能力、活力、竞争力与合作能力的优秀企业。企业信息化建设的效益逐渐呈现，对中国经济发展具有重大的推动作用。中小企业信息化建设虽面临很多问题，但是半数企业已经应用局域网。目前中小企业推进信息化已经基本具备内外条件。

（一）在信息工程技术方面

信息技术的发展为我国企业信息化建设打下坚实的基础，管理思想的不断成熟与运用推进信息化的发展。现今的数字化、网络化、柔性化、集团化的先进制造系统体现了信息技术与管理思想的紧密结合，并且化作了现今的生产力，改善了企业产品质量、成本及服务等性能，产生了很多先进的企业管理模式，如企业资源计划、准时生产、制造资源计划等管理模式。

（二）在基础设施方面

计算机技术迅速发展使其应用逐渐扩展到各个领域和整个社会生活的方方面面。社会信息化、数据的分布处理及各种计算机资源的共享等各种应用要求正推动计算机的发展，促进了现代计算机技术和通信技术的紧密结合。计算机网络迅速发展，应用已经比较普遍，实现了功能共享，数据信息的集中和处理，提高了计算机的可靠性和可用性，可以进行分布处理，节省资源的开销。

（三）在软件发展方面

近些年来，伴随着计算机技术的发展，软件行业迅速成长，软件业日趋成熟，这为信息化实施做好了基础。在企业管理软件中，由财务软件过渡到 ERP 软件及预算管理软件，国内比较有名的软件公司有用友、金蝶、金算盘、浪潮等。国外软件公司也看中了中国的市场正在加快本土化的进程，包括国内软件公司提供了不同层次的软件，分别满足不同水平不同类型的企业经营管理的需求。

三、中小企业预算管理信息化实施关键因素

目前，集团企业在信息化建设实施过程中存在很多问题，同样中小企业信息化的成功实施更为艰难，但可以从集团企业信息化建设中总结经验，指导中小企业信息化建设。

（一）企业各级管理者的决心和态度

预算管理信息系统是跨功能的系统，实施中要对企业流程重组和调整组织机

构，需要改变企业员工的思维方式和企业模式，还伴随着利益和权力的更迭，如果没有企业高层管理者的积极支持是很难实施的。事实证明，企业高层领导的积极支持和亲自参与能明显提高信息化实施的成功率；信息系统是一个集成系统，企业的任何一个部门，任何一位员工，只要有部门或员工不配合，信息就无法集成，就会给正确决策带来很大影响，因此，信息化项目不仅是一把手工程，还是部门一把手工程，部门领导起承上启下的桥梁作用，最了解部门内部业务流程，掌握了企业的生产经营，了解生产经营过程中存在的问题，同时又是信息化用户，如果这些企业中坚力量有所抵触，系统能否顺利实施、项目完成后能否很好地使用就可想而知了。

（二）管理咨询公司的信任度与实施经验

实施信息化不同于一般的技术改造项目，更不同于基建项目。在选择软件产品时，必须考察软件供应商和咨询机构提供的服务内容，购买软件时又必须考虑售后服务，在实施信息化时，企业要聘请信誉高的资深咨询公司指导，并参与实施的全过程，发挥自身对业务流程重组、建模、实施计划与质量控制等工作特长。由于习惯势力和内部、外部的种种阻力，只靠自己的力量难以提出和实施业务流程的重组。因此，企业必须得到管理咨询公司的帮助才能达到最佳效果。

信息化实施过程中，一定要由企业、软件供应商和管理咨询公司共同完成。当然，企业不要过于迷信咨询公司，要有自己的观点，不能一切听任咨询公司的意见，不能一味地按照软件设置的管理模式去做。每个企业都有自己的管理模式，并有其独特的优点。企业实施信息化是对现有不合理的管理模式进行改造，而不是盲目地全盘否定，重新用一套陌生而且不符合企业实际情况的模式。

（三）正确的技术路线与明确的计划、目标

信息化技术是交叉多学科技术，涉及管理科学、通信技术、计算机技术、网络技术、信息工程、信息安全、质量管理、数据库和数据仓库技术、精益生产、敏捷制造、并行工程、互联网 / 企业网、Web 技术等先进的科学与技术。因此，企业实施信息化，必须依据自身的情况制定出切合实际的技术路线。

企业在选择产品时要根据需要选择模块，不要求大求全，否则会给企业带来难以承受的负担。一般情况应先考虑对企业有战略性影响的流程管理和实施对象，以便推进信息化的实施和推广。

（四）基础管理与数据规范工作

信息系统是企业管理的工具，是建立在企业数据的基础之上的。因此，在信息化实施初期，要花大力气对原有的管理模式进行规范化和大量数据的收集整理工作。三分技术，七分管理，十二分数据，许多企业渡不过这个艰难阶段而宣布失败。

综上，企业在进行信息化建设时，做好以上几个方面的工作，方可以保证信息化建设有一个良好的基础平台，给成功实施信息化做好铺垫。

四、中小企业预算管理信息化实施措施

（一）中小企业业务流程规范化

信息系统是一个多功能的系统，企业实施信息化必然使流程规范，对业务流程进行再造，对现有的业务流程进行根本的再思考和彻底的再设计，对组织机构进行调整。企业基本上都存在管理层次多、机构重叠、流程混乱、业务重复、人浮于事、责任不清、效率低下等问题，要想实施信息化则要改变上述现状，所以必须进行业务流程再造，加强管理，形成合理的业务流程，从而保证企业部门内部、部门之间信息畅通并有统一共享的信息平台，对事务处理的过程管理和业务过程所处理的数据记录管理确保信息的统一完整性；精简机构，优化流程，明晰权责，提高部门间协同工作效率，员工按规定的时间、合理的业务流程完成承担的任务，确保信息的准确性和及时性，增强决策过程的科学性和透明性，实现业务过程的实时监控。规范的业务流程可以保证各部门之间的信息流畅，提高管理效率，提升管理水平，增强市场竞争力。

（二）中小企业加大信息化建设的力度

企业信息化是一把手工程，要企业“一把手”亲自参与才行。作为企业高

级管理人员，大多数不是IT专家，也不可能抛开企业事务致力于信息化建设，信息化建设工作作为一把手工程是由本身的内容不同于其他项目决定的。经验证明，领导的重视、支持和参与是信息化建设的关键因素。因为领导者拥有企业的人力、物力和财力的控制权与决策权，企业“一把手”的决策和决心基本决定了信息化建设的水平，每一成功实施信息化建设的企业有一个共同特征为“一把手”的鼎力支持、高度重视、积极参与，同时还有部门一把手工程，部门经理最了解内部业务流程，部门领导的态度影响系统能否顺利实施，部门一把手在信息化建设中发挥举足轻重的作用。

信息化不仅仅是技术项目的建设，还涉及企业的各个层面，影响企业的战略发展和重大决策。企业实施信息化必然会实施业务流程再造，会使业务和管理透明化，可能会影响到一些人的权利和利益，只有企业“一把手”果断决策才能保证信息化的顺利实施；“一把手”的信息化意识强会加快信息化建设进程，有利于信息化理念的提升和推广。高层领导具有广阔的视野，容易接受新事物、新观点，主动将信息化引入企业，保证信息化所需资金和人才，确保信息化实施的力度和质量，同时领导的信息化意识起导向作用，即会使全体员工从潜意识里重视自身信息化技能的提高。信息化建设是技术与管理的紧密结合，因此企业要有一个集技术与管理技能于一身的项目经理，掌握项目进度，把握项目质量。

（三）中小企业重视综合人才的培养

开展全员信息化知识培训，掌握相关的信息技术知识。业务人员与技术骨干人员紧密结合，实现技术对接与知识转移。信息系统是一种先进的思想，先进的管理系统，这要求实施和应用的人具有较高的专业素质，同时又需要全体员工共同协调才能发挥作用，因此需要对全体员工进行信息化培训，普遍提高员工的技能和素质，发挥信息化优势，同时要保证信息化核心人才的稳定。

有些企业在实施信息化建设过程中，付出了大笔资金和耗费了大量时间，但是信息技术和系统与企业的业务不能有机结合，看不到实施信息化带来的收益，甚至把不成功的原因归咎为计算机技术和软件供应商，而客观分析失败的原因在于缺少信息化人才。企业中尤其是缺乏人才的中小企业中相当多的人还保持着传统的经营思想，没有信息技术照样展开业务，对计算机技术不了解，对网络不信赖并且总认为信息化是信息技术人员的工作，实际上既懂信息技术和应用的人，又熟悉业务流程的人才是真正的信息化人才。在计算机专业人才仍存在缺口的今天，中小企业对实施信息化人才求贤若渴，特别是信息化专家，但同时存在不易消除的矛盾——信息化高手不甘愿留在中小企业，员工素质又无法满足信息化建设需要。解决这一问题切实可行的方法还要着眼于企业内部，在企业内部寻找有潜质的职工进行专门的培养使之挑起重担。中小企业培养信息化人才不一定要造就又高又专的IT精英，而要结合企业实际需要，按照岗位要求来打造实用性人才，培养企业所属行业专业人才，又使这些人才同时符合多种素质，少量人员能够进行简单的软件开发和管理，大批人员既能掌握信息技术，又是行业的专家，成为中小企业信息化栋梁之材。信息化不只是企业中少数人的事情，而是人人有责，人人参与。对于中小企业来讲，信息化知识和技能的全员培训是中小企业进一步实施信息化最为关注的一个方面。真正的信息化人才培训不是千篇一律的，对于现阶段不需要掌握某方面的技术人员可以不培训，只学会操作本岗位的技能即可，对于潜质好的员工可以重点培养，使其成为信息化建设的骨干，同时要外部培训与内部培训相结合扫除业务盲点，同时使以人为本的理念渗透到企业信息化建设之中。

此外还要加强技术人员与业务人员的沟通，要让实施信息化的人员了解各类业务人员的业务，保证所开发项目能够满足设计、生产和管理的需要，同时使业务人员熟悉信息化操作规范，更好地应用于工作中。

第八章　可持续发展理念下的财务战略管理

第一节　企业财务战略管理概述

一、企业财务战略的含义及特点

（一）战略的含义

战略一词来源于军事领域，其含义是对战争全局的统筹规划和指导，是作战的谋略，也是一种思维方式和决策过程。在《辞海》中战略的解释是：依据敌对双方政治、军事、经济、地理等因素，兼顾战争全局的各个方面、各阶段之间的关系，确定军事力量的准备和运用。1962 年，美国管理学家钱德勒最先将战略一词用于管理领域，1965 年安索夫所著的《企业战略论》是最早的一部系统阐述企业战略和管理科学的理论著作。迄今为止，若干管理学家和专家学者都曾对战略一词从不同视角给出了不同的解释，学术界对此也未能达成共识。综合理论界和实务中的各类观点，笔者将战略这一概念概括为以下几方面。

在空间上，战略是对企业全局的综合性谋划；在时间上，战略是对企业未来的长期规划；在依据上，战略是在对企业所处的宏观、中观和微观环境的全面分析和研判的基础上制定的；在目的上，战略对企业具有目标指引和战术指导性影响。企业战略的本质在于创新、在于扬长避短，确立企业的核心竞争力；战略的

核心问题是企业的成长方向与可持续发展路径。

随着社会主义市场经济的发展，战略管理的理念随着宏观环境的变化相应地进行了创新和完善。由于企业战略的多层次及权变性，企业战略随着企业内外环境的变化和企业发展阶段的不同也会相应地发生更变。在借鉴东西方文献的基础上，本书对企业战略做如下定义：企业战略是指在客观分析和研究内外部环境及企业管理体制机制的基础上，为实现企业发展目标所做的中长期规划，在此通过整合、配置及协调在多个市场上的经营活动，形成企业发展的核心竞争力，以此来创造公司价值的思维方式和决策活动。

（二）财务战略的含义及特点

财务战略是适应公司的总体经营战略而筹集必要的资本，并在组织内有效地管理和运用这些资本的谋略，是公司整体战略的重要组成部分，作为一个相对独立的分战略包含在整体战略之中。财务战略对全局性的经营战略具有支持性，理财必须为经营服务，财务战略必须以推动经营战略的实现以及市场竞争优势的确立与不断强化为行为的基本准则，通过财务资源规模、期限、成本与结构的合理安排，以及现金 / 资金运转效率的不断提高，财务风险和危机预警系统的建立，为经营战略目标的实现提供优良的财务环境保障基础。我们知道，企业的经营战略必须根据战略环境的变化和经营风险的变动而不断地进行调整，与此相关的财务战略也要随之进行调整。

财务战略管理是对企业财务战略的制定与组织实施方面的管理，是企业管理的关键。实行财务战略管理，要分清战略性与非战略性财务问题，提高企业管理的效率，从而改进财务管理工作。

企业财务战略具有公司整体发展战略的一般属性，具有方向性、全局性、长远性、从属性、风险性等特点。

第一，方向性。从内容上看，企业财务战略具有方向性的特点。财务战略是对企业生存和业务发展的支持与保障，所以必须从财务管理的视角分析和评价企业的发展方向，研究如何把既有的资产与资金投放到有利于企业发展的项目或业务上，并为调整企业经营方向提出资源配置或投放的方略。

第二，全局性。财务战略以公司发展全局及整体经营活动中的财务管理为研究对象，是为谋求公司良好的财务状况和成果做出的规划，并从全局统筹帷幄角度出发上规定公司的财务行为，使之与公司企业的整体发展目标相一致，保证企业经营战略目标的实现。所以，凡是关系到公司发展全局的财务问题，如融资结构安排、投资规划设计、股利分配策略、财务管理政策等，都是财务战略要研究与解决的问题。财务战略的研究必须根据公司的上述发展需求，从整体上分析和评价公司的战略管理活动。

第三，长远性。战略不是一个短期行为，因此财务战略的着眼点必然在于企业中长期的发展，因此，财务战略应研究公司中长期资金筹集和使用、企业原始积累的形成等方面的问题，要在客观分析和科学预测的基础上，提出中长期财务战略方案。

第四，从属性。作为公司战略的组成部分之一，企业财务战略是重要的职能战略，其必须服从公司整体的发展战略目标，并服从公司总体发展的方向。当企业的内外部环境发生变化时，企业的经营战略必须进行调整，而与此相关的财务战略也必将服从战略转型进行适应性调整。

第五，风险性。由于企业的投融资环境总是处于动态的变化之中，国内外政治经济形势、财税政策、金融体制改革、市场价格、区域投资环境、行业发展周期、技术创新等诸因素的影响，都将会使公司制定财务战略发生困难。如何适应公司经营环境中的不可控因素合理制定企业财务战略，主要依靠企业家和财务决策者的专业知识、经营经验和判断力来决定。客观合理的财务战略一旦实现，就会给整个企业带来蓬勃生机，支撑使企业得以迅速发展。反之，财务战略制定不科学，则会给企业带来经营损失，甚至使企业经营陷入困境。

二、财务战略要素

企业财务战略是一个体系，包括组织财务体系的战略和处理财务关系的战略两个方面。组织财务体系的战略又可以分为筹资战略、投资战略、运营战略和收

益分配战略；处理财务关系的战略又可分为处理股东与债权人财务关系的战略、处理股东与经营者财务关系的战略和处理母子公司财务关系的战略。

从财务战略的形成过程及内容看，财务战略有战略目标、战略环境分析、战略重点、战略阶段、战略对策等五个要素组成。

（一）战略目标

财务战略目标可分为财务战略总目标和具体目标，是为实现企业整体战略目标而制定的财务分战略。财务战略总目标是制定和实施企业财务战略的指导思想，是企业财务活动的核心组成部分。财务战略总目标体现了企业总体战略特点，要求放眼未来、积极进取和运筹全局。企业财务战略总目标影响着企业财务战略的制定,并指导企业财务战略的实施。因此,能否科学合理确定企业财务战略总目标，对战略的制定和后续实施是极其重要的。因为企业财务战略总目标是与企业有诸多利益主体（或利益集团）共同作用和相互妥协的结果，所以，制定财务战略总目标要与这些诸多利益主体的各自目标紧密联系。企业价值最大化是通过财务战略具体目标（如运营战略目标、投资战略目标、融资战略目标和股利分配战略目标等）来实现的，其中，运营战略目标是合理的产业布局和运营目标实现；投资战略目标是满意的投资收益率和现金流量；融资战略目标是为产业投资提供充足的资金，并使综合资金成本最小化；股利分配战略目标一方面要满足企业发展融资的需要，另一方面要满足股东分配收益所需。一般来讲，当投资收益率小于或等于资本成本（或仅仅是持平或微利）时，则是企业竞争战略的结果；当企业所要求的投资收益率必须大于资本成本时，通常是企业采取稳健财务战略的结果。

财务战略具体目标是财务战略总目标的细化，它既指引企业财务战略行动的方向，又是制定财务管理策略的依据，因此其在财务战略中居于核心地位。财务战略具体目标明确、策略得当，就能取得融资、投资的成功，有利于增强经营效益和能力提升，促进企业良性发展；财务战略具体目标模糊、措施错误，可能使企业融资和投资失败，加大企业财务风险，导致财务状况恶化、营利能力下降，甚至陷入经营危机。所以，财务战略具体目标制定得是否清晰、科学、正确，将直接关系企业的财务成果能否顺利实现和企业经营的兴衰。

（二）战略环境分析

战略环境分析是预先对影响企业财务战略的相关内外部因素进行系统、全面的分析预测，从而确定财务战略的各项具体目标。相对于传统的财务管理来说，财务战略管理注重的不是企业短期经营效益，而是中长期的持续营利能力；对各个内外部影响因素的分析不仅要剥离开来分别分析，而且要对各个环境因素、信息进行梳理，对其进行综合性分析。战略环境分析的准确、全面程度，将直接影响财务战略制定的质量与实施效果。企业进行财务战略环境分析时，应从外部和内部因素两方面综合考虑，事前的环境分析是财务战略的重心和难点。

首先，财务战略管理离不开维度的环境分析，要对未来发展环境进行分析和科学预测是极具挑战性的，需要前瞻性的视野；其次，从企业可持续发展的愿望出发，企业战略的成功实施需要与财务战略保持相对稳定，但是，环境的多变性又会迫使企业需要不时地动态自我调整，所以，企业财务战略管理面临着如何恰当地处理内外部环境的变化与财务战略的稳定性之间的关系问题；最后，财务战略环境分析必须是综合分析，不仅要分析如经济、政治、法律、区域环境以及社会文化等宏观中观环境，而且还必须分析企业所处的行业地位、产业成熟度、供应商、客户、同业竞争者以及企业内部资源因素等微观环境。另外，环境分析不是静态的，要强调动态分析，如果缺乏合理的动态分析，财务战略实施方案的调整就会变得非常被动。

（三）战略重点

财务战略重点是指企业实现财务战略具体目标过程中，应予以解决的重大的而又薄弱的问题和环节。在制定企业财务战略具体目标时，要充分利用内外部机会和企业独有的优势，同时更要关注外部威胁因素和企业竞争劣势所隐含的潜在影响。外部威胁因素和企业竞争劣势是企业实现战略目标的薄弱环节所在，它们对实现企业战略目标将有重大影响，并且可能是长期性影响因素，因此如何化解和解决此薄弱环节是企业财务战略重点。一般来说，融资中的风险、产业投资中的风险往往会使融资、投资环节成为财务战略重点；企业产品市场的变化、营利模式和营利能力变化、企业负债率的提高等会使企业的劣势增大，从而成为

财务战略重点。

（四）战略阶段

战略阶段是为实现企业发展战略目标而人为划分的阶段。战略的规划期一般是五年、十年，甚至更长一些。企业要在较长的时期内实现其战略目标，必须要经过若干不同的发展阶段。为使财务战略实施方案能有效、有序地执行，必须合理分期、分别规划各阶段的具体任务和目标，方可保证各阶段顺利实现财务战略目标。因此，企业在制定财务战略目标时，必须根据既有条件和对经营环境变化及行业发展趋势的分析，划分不同的战略阶段，从定性和定量的角度，提出各战略阶段的时间、重点任务、发展目标及策略措施，并明确各战略阶段的发展重点，使企业财务战略趋于合理和可持续。

（五）战略对策

战略对策（或策略）是保证企业战略目标实现的一系列重要方针、措施的总称，是保障战略实现的手段与技术。战略对策是紧密结合战略目标这个中心而提出的，因此它不同于一些解决非战略性问题而采取的具体措施，战略对策是与实现战略具体目标紧密相关的重大基本方针与措施。

战略对策同时也是企业战略的实施部分，可称之为“战术”。在研究财务战略对策时，必须以企业的资产状况、财务效益和综合营利能力为分析基础，注意造就自己的理财优势，方可在选择对策时保持主动权。

综上分析，在一个完整的企业财务战略中，财务战略总目标是导向与指引，财务战略具体目标是核心内容，战略环境分析是基础和前提，战略重点是关键环节，战略阶段是计划与步骤，战略对策是措施和策略。财务战略的逻辑起点是企业发展目标和财务目标的确立。企业总体发展目标明确，意味着明确了企业的总体发展方向；财务发展目标明确，也就是为财务战略管理提供了具体的行为准则。因此，只有明确了企业目标和财务目标，才可以合理界定财务战略方案选择的边界条件，才能排除那些明显偏离企业总体发展方向和财务具体目标要求的错误战略选择。

三、企业财务战略管理的基本指导原则

（一）整体优化原则

企业财务战略属于一项综合性的管理工作，财务活动体现了企业生产经营的各个方面。因此，我们要从企业整体发展的战略高度来认识和处理财务管理问题，面对复杂多变的宏观经济环境，企业要坚持从整体最优化角度出发，进行科学的投资、融资和收益分配决策；充分发挥资产和资金的运筹作用，在动态发展过程中实现对企业生产经营的导向、保障、调节与控制，使之尽可能符合企业整体发展最优化的要求。

（二）环境适应原则

在社会经济活动中，由于金融手段和金融工具已经全面介入经济的运行，金融活动必然引导着商品的交换和社会资源的重组，发达的金融市场已经在现代社会经济体系中占据了主导地位。这决定了金融政策及市场发展状况将对企业的财务行为产生重大影响，使企业的财务活动从企业内部延伸到外部整个金融市场体系中；同时也意味着瞬息万变的市场将对企业的生产经营及财务活动产生重大影响。因此，企业财务战略管理要善于适应外部经济环境（尤其是金融市场条件）的变化，动态地对企业的财务资源进行有效重组和优化配置，以实现企业内外部环境和企业战略目标之间的动态平衡，实现企业价值最大化。

（三）收益与风险匹配原则

在市场经济中，收益和风险是并存的，收益越大，风险越大，收益的增加是以风险的增大为代价的，它们之间存在着一定的此消彼长的关系。因此，企业财务战略要贯彻最优化原则，就要正确处理收益与风险之间的对应关系，在这两者之间进行科学抉择，达到合理的平衡。例如，从融资决策看，提高借入资金在总资本的比重，降低股东投资在总资本中的比重（又称提高“杠杆率”），能使企业的综合（平均）资本成本相应降低，股东报酬率相应增加，这是财务杠杆有利效应的效果表现。但是，扩大借入资金在企业总资本规模中的比重又有其不利的

一面，即如果“杠杆率”掌握不当，负债率过高，就会加大企业的财务风险，危及企业偿债能力和股东权益。所以，最优的企业资本结构，是财务杠杆的有利效应（提高资产的营利能力）与不利效应（增加财务风险的程度）取得合理平衡的资本组合比例（即企业负债与所有者权益的比例）。可见，正确确定最优的融资结构，是企业财务战略管理中必须重点研究的一个问题。

四、财务战略类型

按照对企业经营战略的支持、执行关系分类，企业财务战略大致可以分为扩张型财务战略、稳健型财务战略、收缩型财务战略和混合型财务战略。不同类型的财务战略，适应的条件和基础不同，其内容也不同。下面分类简述财务战略的内容要点。

扩张型财务战略，一般是指以实现企业资产和业务规模快速扩张为首要目的的一种财务战略。在扩张型财务战略下，为使企业快速扩张、抢占有限的市场份额，企业需要从外部融资、内部收益留存等方面采取综合的措施加以支持，以保障企业快速扩张带来的大额资金需求。扩张型财务战略通常适用于所从事的行业或企业本身尚处于成长期，产品存在较大的市场需求空间、产品平均利润率较高的企业，这种战略要求企业外部的融资环境较为宽松，融资工具较为丰富，各类负债融资比较容易实现。

稳健型财务战略，是指以实现企业资产规模的平稳扩张和财务效益的稳定增长为目的的一种财务战略。在稳健型财务战略下，企业并不强求资产和业务规模的飞速扩张，而是更加重视经营效益的提高和经营的可持续性。稳健型财务战略通常适用于已经具备一定资产规模、具有一定的行业地位、处于企业发展的成熟期阶段、市场竞争比较激烈的企业。

收缩型财务战略，是指以预防出现财务风险爆发和经营财务危机、以求得生存及新的发展机会为主要目的的一种财务战略。通常情况下，企业实施这种财务战略往往并非自愿，而是被内外部竞争环境所迫，不得已而为之的自我保护战略，目的是维持企业生存的同时寻求新的发展机会。收缩型财务战略通常适用于财务风险较高、企业经营困难、所从事行业处于衰退期的企业，或者是企业内部管理出现了难以协调的矛盾、外部负债超出企业承载能力、面临较大财务危机的企业。

混合型财务战略，是指以上几种战略的混合，一般适用于多种产业组合的集团类公司，针对不同的产业发展战略匹配不同的财务战略，体现企业对不同产业发展的差异化支持程度，通常适用于成熟期、迈入产业多元化发展阶段的企业。

第二节　可持续发展理念下的财务战略管理研究

一、企业可持续发展理论研究

1992 年联合国环境与发展大会制定了《21 世纪议程》，并提出了“可持续发展”。其为 21 世纪无论是发达国家还是发展中国家都能正确地协调人口、资源、环境与经济间相互关系的共同发展战略，是人类求得生存和发展的唯一途径。所谓可持续发展，是指满足当代人需要又不危害后代人满足自身需要能力的发展，使子孙后代能够安居乐业，经济得以发展。它的基本思路是：改变单纯追求经济增长、忽视生态环境保护的传统发展模式；由资源型经济过渡到技术型经济，综合考虑社会、经济、资源与环境效益；通过产业结构调整和生产力综合布局，采用高新技术实行清洁生产和文明消费，协调环境与发展的关系。

根据可持续发展的基本思想及其对企业的要求，广义的企业可持续发展应包含两个方面的含义：一是企业对人类社会发展的可持续性影响；二是企业自身可持续发展。前者是合理使用自然资源和能源，维持自身良性循环，保持生态平衡。后者即企业自身可持续发展表现为企业在追求长久发展过程中，既要考虑眼前利益，又能考虑长远利益，保持企业持续营利增长。此外，还要建立、维护良好的内、外部环境。其基本前提是在持续性的基础上，保持企业规模扩大，员工及管理素质提高；其基本要求是避免在可预见的将来由于投资经营管理策略不当导致企业陷入困境。

二、中小企业可持续发展的意义

企业是以营利为目的而从事生产经营活动的经济组织，追求企业价值最大化。然而，我国很多企业都存在人、财、物等企业资源的浪费现象，企业可持续发展的理念的提出正是为了追求企业内外部资源的合理配置及其利用效率的提高。可持续发展的企业在自我成长过程中，既要考虑企业近期经营目标的实现，不断提高其市场地位，又要使企业在既有竞争领域和未来待扩张的经营环境中能保持可持续的价值增长和营利能力的提高，保障企业在相当长的时间内长盛不衰。中小企业可持续发展的整体状况不仅影响社会发展的规模和速度，而且影响其质量和可持续性。可持续发展必须靠企业实现，在解决环境污染问题的可持续发展战略中，企业依然是主体，环境污染问题与企业行为直接相关。可持续发展是一种可以实现公民、企业、社会和国家多方共赢，有利于提高国家综合竞争力的企业成长模式。可持续发展要求的生态持续、经济持续和社会持续的实现依赖创新，而企业是创新的主体，中小企业在创新方面有优势，大量中小企业出于追求效益的目标需要从事经济、环境、战略方面的创新，在提高自身效益的同时也提高了国家的可持续发展能力。

三、中小企业可持续发展与企业财务战略的关系

中小企业可持续发展是指作为以营利为目的的经济活动基本单位，企业的生产销售经营，在长期内不断地实现创新与超越，企业优化配置资源能力以及企业竞争力不断提高，可满足企业各利益相关者的合理利益诉求，能够持续取得高于市场平均利润率的回报。作为企业管理战略核心的财务战略，为企业运营和良性运转提供保障，为企业传输动力，只有财务战略制定科学，企业才有足够发展动力和发展潜力来提升其运营速度和生产质量，从而保障企业可持续发展。反之，则会约束企业的发展战略。从很多财务发展的理论研究和企业发展实践调查中可以看出，企业可持续发展与企业财务战略相辅相成，两者相互促进，又相互影响、相互制衡，具有高度的相关性。

可持续发展的企业财务战略，是在引入可持续理念的前提下，以企业可持续发展的管理目标作为出发点，以企业经营收益和经营风险的平衡为核心，在企业财务战略的各个方面（包括运营战略、筹资战略、财务风险控制战略、并购战略和收益分配战略等）选择可持续的战略模式，并在企业运行发展过程中坚持可持续战略的动态调整和实施过程，在战略实施的同时，以相关的薪酬绩效评价指标和激励考核制度来激励经营者和全体职工共同持续追求企业价值最大化，保障企业可持续战略目标的实现。可见，可持续财务战略具有可持续发展、利益兼顾、可靠计量、有效控制、适应变化等特征。

首先，可持续发展的财务战略应基于企业的可持续发展主题。具体地说，企业财务战略的最优目标应该争取避免经营上只顾眼前、收益分配上分光吃光的短期行为，使利益相关者各方主体的利益都能做到有效兼顾和长短期相结合，最大程度地保证企业稳定经营、快速增长和长期发展。

其次，企业的利益相关者主要有企业所有者、债权人、原料供应商、产品销售客户、企业职工、政府等。制定企业可持续发展的财务战略目标，应兼顾以上各方相关者的利益，并尽量使每一方的利益达到最大化。与此同时，可持续发展的财务战略目标应该是在至少一定期间内可被量化的，有具体的量化标准。财务结果只有能够准确计量，企业财务战略目标才能被细化、具体化，也才能易于企业对目标的执行与控制。否则，企业财务战略就会因过于虚化而变得毫无现实意义。

再次，可持续发展的战略目标只有实现有效的过程控制，才可能通过各方的努力而达成战略最终目标。对企业财务战略管理与控制而言，如果将实施过程不可控的目标作为财务战略目标，则会对企业经营带来非常大的隐患。

最后，可持续发展的财务战略必须具有防范未来风险的意识和机制，并着眼于企业长期、稳定的可持续发展。因此，企业财务战略选择要适应企业发展阶段、经济周期波动、企业经济增长方式和新技术创新等环境的变化，并及时调整战略选择，以保持企业旺盛的生命力和竞争力。

总之，在财务战略中加入可持续发展的经营思路对企业保持长期健康有序的

发展有着至关重要的作用，这不仅因为持续稳定的现金流是企业可持续发展的基础，如果企业不能拥有正常稳定的现金流则影响企业的日常生产运营，甚至引发经营危机；还因为恰当的财务战略管理还能够帮助企业优化资源配置，为企业培育核心竞争力。因此制定的企业可持续发展财务战略，应以资源的优化配置、经济效益优先战略、稳定的经营发展战略、多方共赢战略等财务战略作为战略制定的前提与基础。

四、中小企业可持续发展的财务战略目标制定

可持续发展的财务战略目标的制定，明确了企业财务活动的目标，为企业从事各项财务活动提供了指导方向。从企业可持续发展的角度看，财务战略总目标应该满足企业最大化的可持续发展能力目标，企业的可持续发展能力实质是企业核心竞争力、市场适应能力与企业经营管理能力的综合。企业在客观分析财务战略管理内外部环境的基础上，要进一步明确未来一定时间内企业要实现的财务战略具体目标。有了战略目标，才能明确财务战略方案选择的边界条件，从而排除那些偏离企业发展方向的战略方案。只有当财务战略服务于企业可持续发展能力的提升时，才能使企业的长短期利益达到协调统一，才能有效地将企业长期战略性目标与短期战术性目标相结合。

企业融资战略，必须在保障企业长期经营的安全性，保持企业适度的偿债能力的前提下进行，并且以提高企业融资能力为目标。对于筹资战略管理目标，因为良性的资本结构是企业持续发展的基石，所以企业筹资的主要任务是其资本结构的科学安排与设计。当前，中小企业的财务战略目标在于如何有效整合优化有限的企业资源，提高企业核心竞争力，实现企业效益的最大化和企业中长期可持续发展。

五、中小企业可持续发展的财务战略模式选择

本书从企业可持续性发展的角度，将中小企业的发展周期分为初创期、发展期、成熟期和衰退期四个阶段。中小企业在进行战略内外部环境分析时，一方面

要了解战略环境的具体内容，另一方面还应了解环境对本企业财务运营及资本流动的影响，在分析和预测的基础上，结合后金融危机时代企业所处的发展阶段特征，选择符合自身发展的财务战略模式。

（一）中小企业初创期财务战略

在创立初期，中小企业产品进入市场不久，产品结构较为单一、生产能力和资产规模有限、产品平均成本相对较高、整体营利性较差，与此同时，企业还需要投入大量的人力财力用于新产品研发和市场开发。从财务管理活动对企业各类现金流量的影响看，经营活动和投资活动的净现金流大多为负数，本阶段很难形成内部资金的积累，企业的核心竞争力尚未形成，因此融资活动成为主要的现金流来源。随着企业经营业务的发展和规模提升，经营活动产生的净现金流会渐渐趋向于零并持续增加，这是初创期中小企业较为显著的财务特征。通常情况下，初创期的经营风险较高，这必然要求管理者将本阶段相关的财务风险尽量降低，而降低财务风险的最直接、最有效途径是使用权益性资本，降低债务融资。初创期的高风险性，往往能吸引那些想从事高风险投资并追求高回报的投资者，即风险投资者的加盟。初创阶段的企业应注重自身积累，因为初创期的投资高回报只能通过资本利得的方式回馈投资者，现实的即时收益只是名义上的收益，投资者注重的是长期资本回报。同时，对投资人来讲，初创型企业往往具有较高的未来成长预期和增值预期，因此，在初创阶段企业一般以生产和研发为依据，采取集中财务战略，全方位贯彻战略意图，通过集中各项资源扩大产品的市场占有率，为企业进行稳定发展期进行原始资本积累。

因此在初创阶段，建议中小企业采取集中型财务战略和低财务风险的实施策略。第一，融资方面。创立初期的中小企业因在社会上的知名度不高，信用度较低，由于自身的问题决定外源直接融资十分困难，而在内部融资上相对容易一些且融资成本较低，所以，初创期应选择以内源融资为主、外源融资为辅的融资策略。内源融资是指主要从企业内部寻求资金来源的一种融资，在该融资战略思想指导下，通过经营性债务、初创期的利润留存进行资本原始积累。内源融资的

主要资金来源是企业留存收益、资产折旧与摊销等无须即时支付现金的费用，以及流动资金占用减少、供应商账期优惠、资产周转速度加快等所带来的自有资金节约等。本阶段，企业必须保持良性的资本结构，根据未来可预期的偿债能力选择恰当的融资方式，以防止企业在初始阶段就背上沉重的债务包袱，避免未来陷入财务危机和经营困境。

第二，投资方面。企业要想保持发展的可持续竞争优势，必将在财务指标上表现为企业经营效益稳定增长、企业经营现金流持续加、企业估值增加。一个投资项目从初始的资金投入到项目投产运营，经历了建设期和试运营期，在这期间，项目经营的外部环境有可能由于宏观经济政策、产业政策的改变而变化，原来的投资项目完全有可能因为这些变化而不能产生当初预期的投资收益。因此，企业进行投资时不仅要在投资之前进行科学的可行性研究，了解政策走向，更重要的是要分析投资过程中的环境变化预期，以便在过程中对投资项目进行动态调整和修正，保证预期投资收益的实现。因此，对于初创期的中小企业来说，建议集中既有的人财物资源，走产业专业化经营道路，避免盲目扩张；建议重点加强现金流的管理，提高资产利用效率，减少应收账款和存货等占用的资金，控制固定资产投资规模；尽可能寻求与成熟企业的合作，为其提供产品配套和服务，以降低企业经营的市场风险，完成本阶段资本原始积累。

第三，分配方面。中小企业宜优先采用非现金股利政策，减少现金分红，留存更多的经营收益以充实企业资本。收益分配战略就是依据企业财务战略的要求和经营的内外部环境状况，对企业收益分配所进行的中长期全局性谋划。收益分配战略要求企业在制定收益分配政策时，不仅以出资人和纯财务角度研究留存收益的分配，更要从企业全局和可持续发展的要求出发，以服从企业战略目标的要求来决定收益分配战略。收益分配战略主要是根据企业投资、运营以及融资战略的要求，科学预测现有资源配置下的动态现金流，并具体考虑企业新的投资机会、未来融资的资金成本、股东回报因素等。一般情况下，有着良好投资机会的公司，更需要有强大的现金流支持，企业的大部分经营收益倾向于新的投资项目；反之，缺乏优质的投资项目和投资机会的公司则倾向于支付较高的红利。

（二）中小企业发展期财务战略

在发展阶段的中小企业，从企业全面发展的需求来看，企业要不断开发新产品、开拓新市场，同步扩大企业生产规模和开拓销售业务。从财务管理层面看，企业资产负债率普遍较高，本阶段，企业面临高速发展，需要大量地进行外部融资和项目投资，更多地利用外源融资进行负债经营，利用财务杠杆作用，满足企业快速扩张的资金需求。因此，对处于发展期的企业而言，其资产负债率往往在同行业当中处于相对较高的水平，因此本阶段的企业经营风险比较大，并且财务风险处于上升态势。待企业生产的产品（或服务）逐步为消费者所接受、企业产能逐步扩大、产品技术日益成熟、产品质量不断提升、内外部管理不断规范后，企业的市场份额将逐年增加，销售的现金账期将相应缩短。之后，企业无论是与供应商还是与客户谈判，话语权将不断提高，企业的存货和应收账款周转率将大幅提高，而应付账款周转天数却可以相应延长，销售账期也将不断缩短。相应地，企业的经营利润有望快速增长。在发展期，由于企业的市场份额逐年增加，占据一定的行业地位，形成自身的核心竞争力，企业的销售收入会因此而快速增长，并导致企业的效益快速增长，销售毛利率、销售净利率、总资产收益率、净资产收益率在同行中均处于相对优势地位。在本阶段，企业经营活动的净现金流通常处于平衡或略有盈余的状态，投资活动的净现金流处于支出大于收入的状态；随着营业收入的快速增长，经营活动的净现金流持续增加，而投资活动的净现金流仍然因大量投资而呈负数，因此必然要求本阶段的筹资活动筹集更多的资金，以满足本阶段的现金流综合平衡。从财务战略和财务管理上看，发展期的企业应当以扩张型财务战略为主导并辅助集中型的财务战略。

第一，融资方面。主要采取外源融资战略。在发展期，由于快速扩张的需要，企业对资金的需求是非常巨大的。显然，主要采用内源融资的财务战略已经不能满足企业扩张需求，因此，必须实施外源融资战略。外源融资包括负债融资、项目融资和股权融资。从经济学的角度看，在资产收益率大于负债的资金成本情况下，应优先采用负债融资，有利于提高股东综合投资收益率。负债融资方式主要有向各类金融机构（银行，保险、融资租赁公司及信托机构等）、合作伙伴、股

东等借款；通过信用担保、资产抵押和质押等方式获取一部分银行贷款；通过发行短期融资券、理财产品、信托计划以及企业债券等方式从投资者那里筹集资金。根据财务杠杆原理，负债融资能为企业带来财务杠杆效应，起到税收挡板的作用，又能防止权益资本收益率的摊薄，因此在发展期，中小企业财务融资筹划应以充分利用财务杠杆效率为出发点，采取偏激进的融资策略，适当提高负债水平。不过，管理当局也必须关注到，过高负债必然会加大经营的财务风险，有碍于企业长期健康发展，故要加强财务规划和现金流管理，控制过渡负债，设置债务预警机制，努力降低融资成本和风险，合理设置项目资本结构和企业整体融资结构，将负债水平控制在企业足以承载的范围内。

第二，投资方面。主要采用发展型投资战略。在本阶段，企业应把发展重点和投资方向放在如何培育企业的核心竞争力方面，将有限的资源投向能够发挥其市场优势的产品上，不断地进行技术创新、设备改造，扩大产能，提高产品质量和市场份额，体现企业的规模效益。通过不断提高产品质量，逐步树立企业品牌形象和美誉度，进一步提高产品的市场竞争力；通过资产规模和生产能力的快速扩张形成规模效益优势，同时企业也要防止盲目扩张，尤其是产业多元化扩张，避免多方位出击新的陌生领域投资。在发展期，企业应关注选择优质的投资项目，研究科学合理的投资合作模式，前期要加强投资项目的可行性论证，中期要加强投资项目的跟踪指导和监控，后期要加强投资项目的后评估与总结。

第三，分配方面。建议采用低水平的收益分配战略。在发展期，企业虽然营业规模增长迅速，经营收益也有所增加，但由于快速扩张的需要和新投资机会的增多，企业对现金的需求量依然十分巨大。出于财务风险控制和融资成本方面的考虑，企业在收益分配的战略选择上，应该与出资人充分沟通，尽量采用低收益分配战略，以便企业保留更多的留存收益，满足企业本阶段的发展所需。不过，回报股东也是企业的责任，考虑到企业已渡过了初创阶段的艰难时期，并且已经拥有了一定的竞争优势和自我融资能力，必要的股利分配也是可行和合理的。因此，企业可以根据实际经营情况和现金流规划，定期少量支付一定的现金股利，同时以采用非现金股利（如转增资本等）为主的分配方式，以支持企业的持续发展需要。

（三）中小企业成熟期财务战略

进入成熟期之后，中小企业的产品可能已经被社会广泛认知，并形成了良好的管理基础和内控制度，企业资信较好，有一定的行业地位和品牌形象，财务状况也变得优良，外源融资会变得更加容易。本阶段，企业的负债水平在同行中一般处于相对适中的水平，相比较发展期而言，经营的财务风险有所回落，销售的账期进一步缩短。由于企业的财务状况和资信水平都处于比较良好的状态，无论是与供应商还是与客户谈判，都处于较好的谈判地位，因此，企业的资金周转效率有望进一步提高，并且销售账期不断缩短。进入成熟期后，由于企业产品的市场占有率相对较高，营业收入增长率和净利润增长率在达到某个水平后会呈现下降态势，但企业的经营效益依然丰厚，利润趋于稳定；企业产品的毛利率、销售净利率、总资产收益率、净资产收益率在同行业中将处于相对较高的水平，产品的销售及账款回收情况良好；经营活动产生的净现金流多为正数且较为稳定，由于固定资产投资的减少，投资活动的净现金流大致处于平衡状态，由于大量债务的还本付息需要，以及股东分红所需，本阶段企业筹资活动的净现金流多为负数。为了避免资本集中在一个行业可能产生的系统性风险，成熟期的企业可采取稳健型的财务战略，尝试向多元化方向发展，开启多元化发展之路。不过，我国大多数成熟期的中小企业仍然存在竞争力弱、专业化人才缺乏、基础管理不善、投资资金短缺等问题，可以说是处于企业发展转型的“十字路口”，多元化扩张也面临着诸多风险。在这个阶段，企业整体战略的选择十分重要，可供企业继续发展的策略包括市场进攻者策略、市场填补者策略和市场防御者策略等，但无论企业是否采取多元化的发展战略，财务战略都应该与企业总体发展战略保持一致，为企业的可持续发展提供财务支持和管理保障。

第一，投资方面。企业的老产品不再是重点投资方向，对于老产品将不再追加固定资产投资，而是通过技术创新降低产品成本、提高服务质量、保持市场占有率、改善主营业务的现金流及寻找新的投资机会等方式来实现企业增值，完成更多的资本积累。本阶段应重点实施多元化的投资战略，以规避资本主要集中在某个行业所可能带来的系统性风险，但多元化战略应经过专家充分论证，科学选

择适合企业发展的相关性或非相关性行业。对于主营业务的发展，要紧跟先进企业的技术发展步伐，加大对新产品研发和技改的投资力度，培育核心竞争力，进行差异化经营；应加大对人力资源的管理和投资力度，提高企业对新投资项目的遴选和研判能力，对于可行的辅业投资项目，要加大规模和投资力度，为企业多元化奠定物质基础。中小企业通常权益性资本规模较小，如采取分散投资、多元化发展战略，很容易导致主业经营出现营运资金周转困难的局面，而新的投资项目短期内难以形成规模，缺乏必要的经营能力、融资能力和管理经验，难以建立竞争优势。因此，为确保原有主业经营营运资金周转不受大的影响，企业在进行产业多元化扩张之前，必须进行合理的投资规划，筹措必要的长期资本。不同的企业、不同的项目在投资营运方面会有不同的需求，在主业规模化扩张投资战略与多元化投资战略的选择中，中小企业必须审视其经营环境和资源配置现状，以选择最佳的投资战略。

第二，融资方面。企业进入成熟期后，营业额和经营利润绝对额虽然在增长，但速度减慢是业务逐渐萎缩的前兆，如果没有更好的替补性投资项目，在资金的使用上应以留存收益和股权融资为主，以防止因过渡举债融资导致企业在战略调整过程中承担过重的财务负担。所以对于成熟期的中小企业而言，为保持稳定的资本结构并获得足够的发展资金，通常应采取组合式的融资方式进行融资。本阶段，要有效实施内源融资战略，很重要的一点就是盘活内部存量资产，对系统内的资产进行整合与优化配置，如出售存量的股权或有形资产等；外源融资战略方面，可采取鼓励老股东再投资或减少股利分配、吸收新股东投资（包括吸收产业投资者或风险投资者等）、向金融机构借款、重大设备融资租赁、发行短期融资券或中期票据或企业债券、直接上市融资等。目前，在我国的证券市场，中小企业板、创业板以及新三板为中小企业进行证券融资和股权交易创造了有利的条件。直接发行股票上市这种方式虽然有一定的门槛，且一次性投入成本较高，但一旦建立了直接融资通道，持续融资方便、风险相对较小，并能够增强企业的债务融资能力和提高企业的品牌信誉度。在成熟期，建议中小企业保持合理的融资结构，维持一定的偿债能力，加强多元化扩张的债务管理，并置备适量的预防性现金，以备不时之需。

第三，分配方面。我们可以从影响企业收益分配政策的各个因素（包括经营效益的稳定性、企业资产的流动性和周转效率、外源融资能力、新的投资机会、存量债务的还本付息需求等）来分析成熟期中小企业。通常情况下，成熟期的中小企业在生产经营和投融资活动的各个方面都表现得较为稳定，并且具备了高比例分配股利的条件。因此，建议中小企业根据企业资金盈余状况和现金流规划情况，实行现金股利和非现金股利相结合的分配政策（可适当加大现金股利分配的比例），以回报股东多年来的支持，同时对于高级管理人员，可考虑实行股票期权等中长期激励政策，尝试股权多元化，从而带动新一轮的经营机制创新。

（四）中小企业衰退期财务战略

根据产品生命周期理论，企业在成熟期创造的正现金流量一般很难永远持续下去，经营业务的减少、替代产品的出现和企业主导产品的消亡通常是不可避免的。企业进入衰退期以后，市场份额日渐萎缩，销售收入、销售利润、权益资本收益率和净利润增长率逐渐降低甚至转变为负数，经营活动的现金流量将逐渐不能满足企业正常运作所需，因而导致企业在该阶段缩减必要的研发投入，企业的创新能力受到较大影响，从而严重影响企业应变能力和转型战略实施。之所以出现以上状况，主要是因为产品通常都有一个生命周期，在某个阶段走向衰退是必然的，因此，中小企业在主导产品进入衰退期之前，最好主动选择新的产品或行业，主动调整企业发展战略、变革财务战略，重新培育和提升企业的可持续发展能力，带动企业进入一个新的生命周期循环。

第一，融资方面。应以资金偿还风险的大小作为融资战略的决策依据。在进行筹资决策的时候，应以短期融资为主，尽量避免使用长期性的融资资金。当诸多因素已经表明本企业产品进入衰退期之时，可以选择将部分非关键设备、存货、产品或技术出让，甚至放弃某个领域的股权投资，减少对衰退产品的资源配置，积极寻找新的投资机会和产品。融资方式选择上，应该尽量降低外源融资的比重，而采取以内源融资（如留存收益积累、合作伙伴、出资人投资等）为主，资产剥离与出让、外源融资为辅的融资组合方式。从变革和调整财务战略、重新培育新

产品和培养企业的可持续发展能力等角度考虑，因为衰退期的中小企业偿债能力相对较低且财务风险较高，向银行融资十分困难，在此情况下最好主动进行财务管理变革和产权制度改革，可以通过资产及业务重组（剥离非主营业务，出售闲置资产等）和股权重组引进战略投资者，吸纳外部增量资金，缓解产品衰退期的企业财务危机。通过改革与变革，中小企业能够融得必要的研发资金投入去进行技术创新和新产品开发，从而培育企业新的竞争优势，在新产品上实现销售收入、利润和投资收益的增长。因此，中小企业进入衰退期之后，应着力在融资战略方面实施产权改革和资产重组，引进战略合作者，借力实现企业的产品转型和可持续发展。

第二，投资方面。衰退时期的企业投资战略的重点是保证财务安全。中小企业在衰退期，产品竞争力下降，市场份额降低，企业经营效益急剧下滑，面临资金量断裂风险，本阶段，企业应密切跟踪环境变化和发展趋势，适时转向新的投资点，并不断创新和开发新产品，培育企业可持续竞争能力，增加企业经营收入与利润；同时，中小企业可以从那些高度竞争的产品市场中撤退，根据国家和区域的产业投资导向，寻找新的投资产品或行业，摸索投资的突破点。结合当前全球经济一体化的发展趋势，中小企业应准确定位其在产业链中的定位和评估其发展空间。为了更好地制定经营战略，增强中小企业的盈利水平和成长能力，本阶段应加强优化资产结构，尤其是对不合理的资产结构进行优化组合，企业资产结构的优化既要考虑减少经营风险，又要考虑降低资本成本。从中长期看，中小企业进入衰退期后，如果增加长期投资能带来较高的预期收益，也不能单一地强调短期利益；通过合理资源重组和优化配置，如卖掉部分长期资产、补充流动资金能使企业渡过危机，就不能固守既有的资产结构和经营模式，而应着眼于帮助企业走出财务困境、盘活经营，加快资产的周转效率，确保新产品的研发资金得到保障。因此，中小企业应根据新的经营战略，调整投资策略，既要注重存量资产的价值，又要充分认识到本阶段优化资产配置和投资结构的重要性。

第三，分配方面。进入衰退期的中小企业大都存在收益不稳定、高负债率的特点，进行外源融资的资金成本普遍很高，导致发放现金股利的机会成本大大增加。本阶段，企业的融资战略对于资本结构的目标要求是，尽一切可能偿还存量债务以降低整体的经营风险，融资的主要方式有举新还旧、股东追加投资以及经营的资金积累等；另外，基于可持续发展的角度出发，企业要筹备资金以备新产品研发和新投资机会的把握。因此，对于处于衰退期的中小企业而言，建议不分配或减少股利分配，尽量将有限的资源和积累投入新产品和新的行业中去。

六、中小企业财务战略的实施

在企业财务战略模式选择之后，战略管理并未结束，因为财务战略的实施需要有力的保障体系，建立财务战略实施保障体系应该从几个方面入手：强化竞争观念，确立战略意识；制定财务政策，规范理财行为；实施预算控制，提高资源配置效率；再造组织分工，增强竞争能力；优化信息系统，加大监控力度；改革用人机制，塑造企业家精神。

可见，对于战略的实施来说，需要企业采取的行动方案和实施步骤很多，根据笔者的体会，其中最重要的管理问题包括制订实施计划、拟定行动方案、编制财务预算、确定工作程序、实施战略控制等内容。

第一，制订实施计划。要制订介于长期战略与行动方案之间的计划，包括比行动方案更全面、更具体量化的内容。

第二，拟定行动方案。要进一步细化拟定中间计划的行动方案，明确实施某一计划或从事某项活动。

第三，编制财务预算。编制以货币形式反映企业未来时期内财务活动和成果的预算，从财务战略角度讲，编制财务预算是财务战略总体目标的具体化、系统化、定量化。

第四，确定工作程序。要确定完成某一任务的工作程序，合理安排人、财、物力。

第五，实施战略控制。中小企业要及时将财务战略的实际情况与预定目标进行比较（即“战略反馈”），检测二者偏离程度，并采取有效措施进行纠正，使之保持协调一致的过程。

七、可持续发展财务战略的评价和控制

企业财务战略管理进入实施阶段以后，企业必然会制定实现财务战略目标的具体实施方案，并制定相应的管理流程与制度，但即便如此，也未必能保证企业财务战略管理就可以获得成功。究其原因，主要包括以下几方面：首先，如果企业经营的宏观、中观乃至微观层面的环境在战略实施过程中发生了重大变化，则意味着战略实施的基础条件发生了变更，从而导致再好的战略也失去了现实意义；其次，企业财务战略的实施是一个漫长的过程(一个战略规划期至少是5～10年)，在此期间，企业的任何一个部门或某个经营领域的工作没能实现预期战略目标，都可能导致整体的战略目标实现的延迟或战略管理实效；最后，如果在战略实施过程中对上述方面的问题不能及时反馈并做出适应性调整或战略纠偏的话，企业还可能承受巨大的损失，而这种损失对企业而言很有可能是致命的。因此，企业应该加强财务战略管理的评价和过程控制，建议主要从以下三个方面开展工作：①及时根据内外部环境的变化，评估企业战略制定的基础性条件是否发生变化，以及这种变化带来的影响程度；②制定评价指标体系和管理制度，定期比较战略的实际进度或效果与战略预期结果之间的差距，并分析原因提出改进建议；③建立战略反馈机制，确保及时纠偏，采取应急措施以保障既定目标的实现。

（一）评价企业财务战略的依据

企业财务战略实施过程中，企业内外环境总是在发生各种变化，这种变化可能是有利的也可能是不利的，有可能是关键的也可能无关大局。如果战略实施环境的这些变化是关键性的，则很可能部分改变了企业财务战略得以实现的基础，企业就必须进行适应性调整或战略变更，重新审查企业财务战略成立的基础性边界条件（包括构成战略基础的SWOT分析等），企业应不断地跟踪观测这些环境条件的变化。以下是在财务战略实施评价过程中需要重点审视的关键性问题。

①企业经营的竞争优势是否仍是优势？发生了什么变化？

②企业经营的内部优势是否有所加强？具体体现在何处？

③企业经营的内部劣势是否仍为劣势？是否根据战略实施得以改善？

④目前是否又有了其他新的劣势？具体体现在何处？

⑤企业的外部机遇是否仍然为机遇？发生了何种变化？行业或产品是否出现更新换代？

⑥目前是否又有了新的外部机遇？如果是，体现在何处？

⑦企业的外部威胁是否仍为威胁？是否有针对性的策略补救？

⑧目前是否又有了其他新的外部威胁？如果是，体现在何处？

（二）财务战略实施情况评价

财务战略评价是指评价企业在战略实施中的表现，以衡量战略制定的合理性和评估战略执行情况，并保障财务战略目标的实现。在企业实施其财务战略过程中，可能有很多不可控的因素造成既定的阶段目标或计划不能按质、按量和按时完成，并可能出现战略具体目标的偏离。如果年度的战略目标没能取得理想进展，则说明有必要采取纠偏措施、调整战略。在实践中，确定某种目标在战略评价体系中的重要性程度是较为困难的，笔者认为，财务战略评价标准的选择应主要根据特定企业的资产规模、发展阶段、行业特点、经营战略以及管理宗旨而定。例如，处于成长期的企业财务战略与处于成熟期的企业财务战略评价标准应该有所不同，财务战略评价有定量和定性两种标准，具体如下。

定量标准，主要包括各种财务指标，这些指标已经被广泛地应用到战略评价体系中，有利于不同发展阶段的企业、同一发展阶段的不同行业企业进行比较，其中的关键的财务指标主要包括：资产的流动比率、偿债能力比率、资产管理能力比率、负债管理能力比率、营利能力比率、成长能力比率等。

定性指标，所涉及的范围包括：财务战略是否与企业内外部情况相一致；在战略实施过程中，从可支配的资源范围和总量来看，财务战略是否恰当；财务战略所规划的财务风险和经营风险是否是企业可承受的；企业是否在高风险投资和低风险投资间保持了适当的平衡；财务战略实施的时间表是否恰当；企业是否在短期、中期和长期投资之间保持了适当的平衡；企业如何平衡对各产品或投资方向上的投资；企业是否保持了最佳的资本结构和融资结构；财务杠杆的利用是否

恰当且风险可控；企业的核心竞争能力是否可持续；等等。

企业根据事先选定的方法或指标评价了财务战略实施过程中的表现后，应该结合评价的结构和内外部环境的变化，采取纠偏措施，适时调整战略战术，使企业的实际表现和原定战略目标保持相一致。

参考文献

[1] 吴少平．中小企业财务管理 [M]．广州：广东经济出版社，2003.

[2] 李凤鸣．内部控制学 [M]．北京：北京大学出版社，2002.

[3] 张先治．内部管理控制论 [M]．北京：中国财政经济出版社，2004.

[4] 王竞天，李正友，冯雪飞，等．中小企业创新与融资 [M]．上海：上海财经大学出版社，2001.

[5] 汤谷良，王化成．企业财务管理学 [M]．北京：经济科学出版社，2000.

[6] 程小可．公司盈余质量评价与实证分析 [M]．北京：清华大学出版社，2004.

[7] 杜美杰．信息系统与会计内部控制 [M]．北京：清华大学出版社，2004.

[8] 杜胜利．CFO 管理前沿——价值管理系统框架模型 [M]．北京：中信出版社，2003.

[9] 杜兴强．会计信息的产权问题研究 [M]．大连：东北财经大学出版社，2002.

[10] 樊纲．现代三大经济理论体系的比较与综合 [M]．上海：上海三联书店，1990.

[11] 冯建．财务理论结构研究 [M]．上海：立信会计出版社，1999.

[12] 冯建．企业财务制度论 [M]．北京：清华大学出版社，2005.

[13] 冯建，伍中信，徐加爱．企业内部财务制度设计与选择 [M]．北京：中国商业出版社，1998.

[14] 冯建伟．信息新论 [M]．北京：新华出版社，2001.

[15] 葛家澍，林志军．现代西方会计理论 [M]．3 版．厦门：厦门大学出版社，2011．

[16] 张芳．浅谈中小企业运用商业信用融资 [J]．科技信息，2012（11）：18．

[17] 程婷，赵寅珠．我国中小企业融资管理初探 [J]．对外经贸，2012（7）：120–121．

[18] 张枬，孙婉兰．中小企业融资管理建立探析 [J]．经济研究导刊，2012（28）：68–69．

[19] 陈晓红，刘剑．不同成长阶段下中小企业融资方式选择研究 [J]．管理工程学报，2006，20（1）：1–6．

[20] 宣国萍．高 CPI 背景下中小企业资金管理研究 [J]．现代商业，2011（24）：201–202．

[21] 雷晨．我国中小企业资金管理在经济转型期的应对策略 [J]．审计与理财，2008（11）：33–34．